慈心净语

证严法师谈人生

释证严◎著

九州出版社
JIUZHOUPRESS

图书在版编目(CIP)数据

慧心净语 ：证严法师谈人生 / 释证严著. -- 北京：九州出版社，2007.09（2011.12重印）
ISBN 978-7-80195-657-6

Ⅰ. ①慧… Ⅱ. ①释… Ⅲ. ①佛教－人生哲学－通俗读物
Ⅳ. ①B948-49

中国版本图书馆CIP数据核字（2007）第139788号

著作权合同登记号：图字01-2007-4000
原版权所有者：静思文化志业有限公司

慧心净语：证严法师谈人生

作　　者	释证严 著
责任编辑	姬登杰
出版发行	九州出版社
出 版 人	徐尚定
地　　址	北京市西城区阜外大街甲35号（100037）
发行电话	（010）68992190/2/3/5/6
网　　址	www.jiuzhoupress.com
电子信箱	jiuzhou@jiuzhoupress.com
印　　刷	九洲财鑫印刷有限公司
开　　本	787毫米×1092毫米　16开
印　　张	20
字　　数	380千字
版　　次	2007年10月第1版
印　　次	2011年12月第3次印刷
书　　号	ISBN 978-7-80195-657-6
定　　价	39.00元

目录

CONTENTS

卷一　一秒钟和一辈子

卷二　分秒不空过

卷三　放下，自我解结

卷四　大舍与不舍的抉择

卷五　原谅无法原谅的人

卷六　珍惜因缘，把握现在

卷七　踏出爱的足迹

卷八　缩小自己，容纳别人

卷一

一秒钟和一辈子

“过去”已经过去了，“未来”的事物则太远。我们应该多注意现在，无论环境多烦杂、身处任何境界，心，均能不受引动。

人如果能完全掌握自己的起心动念，哪怕是一秒钟，由小而大，甚至可以掌握一辈子的去来自在。

多用心，扫得干干净净

世上有许多声音、许多干扰，人往往有诸多想法、诸多妄念，要如何才能安静？

在静寂中特别敏感，只要稍有声响，就容易躁动。许多人以为修行清净必须自我隔绝于人群，其实这是错误的。静的功夫是从内心的“闹”中练出静定，而非只在“静中求静”。

有一次，一位慈诚队员回来精舍当志工，早上要出门前，大家先进行心得讨论，他站起来说：“以前经常听上人讲话或‘慈济世界’的节目，每当结尾，上人都会说：‘多用心啊！’对于这句话，我好像很了解，但是又不知从哪里用心。”

他又说：“早上，我在精舍外围帮忙扫地时，才深深体会多用心的道理！”

我问他：“是什么动作让你觉悟的呢？”

他说：“第一次我顺手扫过去，但回头看，地上还是留着一片片树叶。忽然间，我体会到这就是不用心！因此，赶快回头再用心地扫一次，一样是手在动作，但这一次，就把地面扫得非常干净。”

这件事的道理何在？这是因为他体会到，若不用心行事，即使同样费力，成果却截然不同。因为用心，环境能打扫干净，也能“扫”出一片清净的心地。

有许多人平常手在做事，但是心里却想着过去未来其他的事，妄想太重，杂乱烦恼就多，当下无法全神贯注，当然事倍功半。

这些道理虽然简单，却是降伏内心魔军的根本。多用心，就是讲话时，心集中于措辞言语；走路时，心集中于脚步；工作时，心集中于手。“过去”已经过去了，“未来”的事物想得太远，反而会忘记“目前”的应对举措，所以，无论过去或未来，我们都不要想太多，应该多注意现在，无论环境多么烦杂，遇到任何境界，心，都能不受引动。

内心的魔永远在等待机会，让人触境而显出丑形陋貌、发出难听的声音。安静与恶声、清净与秽浊，正如同“觉”与“魔”于左右和我们并行，我们要时时警觉，多用心。

与野草赛跑

人生若一天天空过、无所事事，就像土地任其荒芜一样。若懂得把握时节因缘，耕好我们的心地，有一分努力，就有一分的收获。

过去我在台中丰原未出家以前，有一回在慈云寺遇到一位老师去寺中，我也正好去那里而相遇。他和一位师父说话，那句话时常印在我的脑海中，每有懈怠就会想起这句话。他向师父表示：“佛陀说人生无常，我也深深体会到，所以要赶快把握时间。可是师父，我好像每天都输了！”

师父问他：“你跟什么比呢？”他说：“跟人不能比，跟草也是不能比的。”原来他家住在乡村，每天早上要出门时，他会看看田埂上的草，回来时又看一看。他觉得早上出门时，地上的草还未长高，可是不多久，它已经长得很高了。所以，他每天都很紧张地准备着他的功课，要跟野草比赛。

结果每一回他都是重新再来、重新开始，根本追不上野草生长的速度。所以人连草木都比不上，想要与别人比，又要如何比呢？

因此，我们要回过头，定下心，分秒必争认真地做，时时刻刻照顾好自己的心，拔除心地的杂草；再用功选择好的菜籽来栽种。菜若少一棵，空位就会被杂草占领，唯有以“堀菜园”的心态，勤于播种，老实耕作，才能心草不生。

高枕无忧的小鸟

生活中，一个人静默的时刻不多，只要一有人进入这个静的环境，你的心就动了，不但动，还可能会起烦恼。

在日本有一位很有名的大学教授，他出了一个题目，要学生画出“静”的景象。

学生都很用心地画，有一位学生画了一座湖泊，水面清澈无波。另一个也是画湖，远处有一座山，旁边有一些树木，近处有一些花草，无风也无浪。

第三幅画仍是画一座大湖，湖的周围是雄伟的山，山上巨大的瀑布直泻而下，就在湖边有一棵树，树枝上有一个鸟巢，鸟巢里一只小鸟正睡得香甜。

有的人认为湖水无波就是优等的作品，有人认为水上无波、山边有树、无风无浪也是很好的佳作；最后评鉴的结果，认为是山中有瀑布、鸟在树上睡得香甜的画作，才是真正的“静”。

为什么这幅画是静的佳作呢？老师认为这才是真正懂得静的心境，因为外境动而内心不动。

修行应该在群众之中，好好照顾自己的道心，就像那只小鸟一样，尽管周围的环境一直在动，它还是一样高枕无忧。

大地众生在说法

修行一定要学得心在宁静中，若能如此，天下的一草一木、一花一蝶无不是如来的形相，“一花一如来，一草一世界”。

静听远处的鸡啼狗叫声，还有近处的鸟鸣虫声，多美啊！这是大地众生说法的形相。鸡守在晨鸣，狗守在自己的岗位，虫鸟则守在它的天性本份，这不就是大地众生各守岗位、一幅很美的说法图？我们若用心，可以去体会众生性；若是不用心，狗叫鸡鸣只不过是畜生道中的一种声音。

人的生活大多在是非的旋涡中打转，多可怜啊！我们应该退一步打开心胸，就能看见海阔天空，山河大地无不融入我们心灵的世界。对人何不退一步呢？对一切众生何不宽一寸心地呢？对人若能宽一寸心地、容纳别人；待人退一步让一分，不就和谐安详了！

不要在是非的旋涡中打转，应该要心定神清，大地一切的众生，都在说法启发我们的心灵。多多用宁静的心倾听，观察大地的形相，聆听大地众生声，声声入耳，心领则可以神会。

自然的道理最美

修行就是要学得拨开人、事、物的障碍，回归如大自然本性之美，返回天真回归本性。但是，怎样才能够达到这种境界呢?

有一次在大殿静坐，听到外面的风声以及门窗的声响。自然的环境是最美好的境界，但是这美好的境界，往往受到人、事、物的破坏。那时坐着，听到风吹拂树叶所发出的声音，多美好啊！然而，多了门窗粗嘎的声音，便扰乱了耳根和外面自然界接触的柔和感觉，所以我说自然的道理是最美的道理。

有一位委员的女儿对她说："妈妈，我发现很会讲话的人，所能得到的只是很多的听众；而一个有耐心去听人家讲话的人，他可以得到很多朋友。"善于讲话的人可以得到很多听众，但是很多人听我们讲话是不是真的欢喜受用呢？我认为天下知音少，真正听我们讲话，又能成为我们的朋友，这才是真正的善讲之人。

所以，光是会讲话却没有朋友，这不是真正会讲话的人，我们修行就是要学得真正领受一份道理，得到之后身体力行，把平时所听到的吸收消化后，再实践出来。

自然最美，要不是有门、窗的声音，光是听到外面风吹树摇的声音，一定非常美好。人生多遗憾，总有一些人、事、物，破坏了大自然的美，修行就是要把人、事、物的障碍除掉，回归到大自然的本性，如果好好去体会这份大自然的真善美，相信人人都能够在宁静中，精进不懈。要当一个整天说话的人，倒不如当一个老老实实、认真听话的修行人。

空中鸟，水上鱼

有一年多台风，气候时刻变化不定。早上看到外面无雨、无风，好像很宁静，一下子雨水就带来很大的灾情。下午看到好像要放晴了，不过稍晚又来了一阵大雨，接着气象局又报告，有一个台风慢慢逼近，如此反复，甚为罕见。

有一句话“静极思动，动极思静”，海面台风即将逼近，但是我们所看到的境界却还十分宁静，实在是异常的现象。有时我们看人也是如此，看起来很内向，一句话也不说，其实，心中可能隐藏着许多苦痛。

修行就要学得动静合宜，若是动过了头，就好比是云腾风涌般的危险；静得过头就会变成枯木死灰，这样就不对了。

我们动的时候，要像天空的云一般悠闲静止，小鸟无论在上面怎么飞都不会影响到云的形态；我们的心境就要像这样，静如一池水，就算鱼儿从水面跳过激起浮泡，并不影响水的静态，修行就要学到这样的程度。

静要静得活泼，动也要动得雅致，这就是动静合一。如果没有调配合宜，动会动出心理的毛病，静也会静出精神的病态。所以，日常生活里，我们一切的举止、动静都要很谨慎。

大树底下的影子

人的心和天气一样，我们的心也是无常多变的，生、住、异、灭不断，有时会显现良知本性，可以发挥良能，但是，有时心也会被乌云遮蔽。

将地、水、火、风四大假合之物认为是“有”，有的东西却又忽视掉了，这仿佛是黑暗中的树影，地下的流泉一般。

在硬梆梆的地下有着清净的流泉，只要凿得够深就可以有源源不断的清水。我们虽然天天喝，却忽视了地下有水，因为我们平时并未饮水思源。

又如走在黑暗之中，明明有一棵很高大的树，这棵大树如果在大太阳底下，就可以提供树荫乘凉，但是，若在黑夜、没有月光的时候，走到树下也不知道那里有一棵大树。树和树影本来在那里，只是我们时时迷失了。

在我的佛案前有两朵水晶花，有时看过去会现出红、青、蓝等色，有时七彩闪闪、五色分明。我把它拿起来仔细从各个角度察看，发现有的角度有彩色光芒，有的角度却没有，这些黄色、蓝色的色彩到底是从哪里来的呢?

原来是我所点的蜡烛颜色映到水晶花里面，蓝色的蜡烛加上金黄的火光，水晶花就会从各个不同的角度反射出五颜六色。水晶本是清澈透明的，但经幻影的照射之后就会有五色七彩之光。

人生就是如此，本来和我们互不侵犯的东西，偏偏让外境进入我们清净透彻的内心，如水晶花中形成了五花十色。人人本有清净透彻的佛性，偏偏让外面的物质色彩染污了，因而收藏了很多烦恼垢染。

诸佛的千经万论，为的就是引导我们守好自性、顾好本体。

法譬如水

我的师父印顺导师，曾经深刻地解说过“三法印”：诸行无常，诸法无我，涅盘寂静。他承接佛陀的教诲，让我们知道：世道无常，时刻要勇猛精进。

佛陀要我们观“世间无常”，观世间幻化，《金刚经》里面，佛陀也要我们观想：“一切有为法，如梦幻泡影，如露亦如电，应作如是观。”人生到底有多长呢？就像梦一场，又如水中泡影，水流动时自然会生起泡沫，泡沫很微弱，没有实体。

水泡虽然好看，然而你只要用手去碰触，它就破掉了。水泡破了之后并不是就没有了，它虽无实体却有实性，它的本性就是水，有了水才会起泡，形虽不同，性却相同。

人生就好像水中泡，缘起性空，尽管泡有生灭，不过，水性却永远无生无灭。人皆有佛性，我们都具有成佛的潜能，只要你把脏污的烦恼垢去除，清净的本心就是佛性！

有人问：“我今生修行，是不是就能有所得呢？”一定可以的。比如混浊的水，若将它沉淀，不去动它，它自然就会澄清。

古时候没有自来水，乡村如果没有掘井，就是喝溪流的水，利用晚上取水，放入明矾，让水中的杂质沉淀，等到水质变清就可以用了。常人就像混浊的水，水在流动时，任何脏的东西都拿到水中去洗，因为水受到污染，所以不可食用。等到水静下来、变清了，煮过之后，就可以饮用了。

我们不能没有水，但要取用之前，一定要经过一番功夫。相同的道理，如果我们的心乱起无明，任何不好的事情都会去做，一造恶就更污浊杂染。但澄静内省之后，又可清净自在。

愚痴的人将水泡当作实质，一个深究佛法的人，则把水泡当作幻化之物。但是，如果以为既然没有就什么都不用去做，这也不对，这是逃避现实，推卸责任。这两种人都不对，执空执有都是错的。

世间无常，唯有努力去做，分秒不空过。就像水与水相接连，不断流过。

学字中间一个“子”

静坐之时，是不是坐得轻安，或者觉得全身坚硬沉重？若是坐得轻安，表示打坐的功夫已经慢慢进步了，若是有坚硬沉重的感觉，表示身体和精神还没有统一配合。

“坚”是指身体感到腿酸脚痛、腰酸背痛。“坚”是坚质的部分，“硬”是坚硬的感觉，这都是身体的感受。“沉”是昏沉，坐着是否会昏沉？“重”则是感觉到身体不能放轻松，精神有压迫感，这都是在打坐之中的障碍。

有一次静坐时，我听见有人的气可以贯穿丹田，有气在动的声音，但是隔天就没听到了。用功的功夫不是一个早上就能通彻，修行要有恒心，精神才能够贯通，专心归一。我们分秒都要用心，用心并不限于在静坐之时，日常生活的行住坐卧，哪怕是躺下来睡觉也要用心调气，走路时也一样。

除了用心调气之外，还要用心来待人接物；平时若用心调气，把我们的精神统一于举止动作、修行的心念，举止行动都带着这份心，就是将“禅定三昧”带入生活的动作中。

如果我们以这份清净心来待人接物，就是以佛心待人了，分秒的时间都没有离开学和觉。若学得透彻，身心归一时就是“觉”。学的下面是一个“子”，觉的下面是一个“见”字，学是孺子初学，就像幼儿一样，学坐、学爬、学走、学讲话，一切都是从幼儿学的，所以学字中间一个“子”。

修行的人就像初生的婴儿一样，我们要常常去扶持、注意他，等到学得功夫透彻，走路就变成很平常的事，讲话也会变成很平常的事，不必刻意去记就可以发挥功能，这表示他学的功夫已经贴切入微，能“学而不学”便是觉。

时时刻刻注意自己的举动，把心贯注在调气，而且把心贯注在佛菩萨的慈念，这样我们一切的举动、一切的心念，自然就会和佛菩萨合一。

名山走遍，不如内观己心

我们若用心寻法，就能用心接受法；修行不要只是“信佛”，因为“信而不学”容易迷信，我们要“信而学之”；学者觉也，有心去学，才会觉悟！修行要身心平行，身体的行动及心理的形态并行不悖。自己的身心若没办法照顾妥当，又如何去照料别人的心呢?

过去有位修行者问一位禅师：“禅师啊！我到处查访明师，一直希望能遇明师指点。但是，我走了几十年的道路，跑了几十个道场，我的心却还没有得到宁静，我想跟着您学，您是不是肯教我?”

这位大师说：“你懂得学习的方法吗?”

他说：“大师，是不是肯教我?”

大师就说：“我觉得你不懂‘学’的方法。”

他又说：“只要您肯教，我就会学习。”

大师叹了口气：“你走遍名山，参遍道场，结果却一无所得，这并不是各处的方丈没教你，而是你自己不认识自己，不知要如何学，如何接受别人的教法。如果你真正了解学习的方法，到处都可以得到善知识与教法。”

这是一个公案，也可以做为我们人生的警惕，道场原本就在我们心中，若能反省自己，回照自己，无需名山古刹，现前就是最好的学习地方。

日常生活，无论是声、是形，若肯用心，没有一样不是法音。若不肯用心，哪怕是道德多么高、学问多么好的法师来倾囊传授，依旧是无可奈何！

火车开过，暂停讲话

雨天念佛，听到的都是念佛声，念佛声作歇，便是雨水滴滴答答的声音；念佛时也在下雨，不过没有听到雨声，念佛声一停下来，外面的雨声就代替了念佛声。在这个环境里，最少有两种声音，只是我们的注意力前后偏向不同。

声是常，境是异，我们的心是不是去接触，这就要看我们的心对外面的声尘是否有所取着。

有时外面火车经过的声音很大，有了隆隆车声，讲话就得暂停，因为火车的噪音和地面的震动力都很大，所以说话声会被它掩盖，干脆先静下来。静，不与动争，这和我们日常生活的道理是一样的。

尽管我们学的法是正确的，但是，社会上却充斥着邪知邪见，教派教法纷杂，人心也跟着混乱。我们要提倡正知正见，光是以口头辩解，还是很难厘清。佛陀教我们要“以静制动”，若是一时无法用声音去唤醒邪知邪见的嚣张声势，不如暂时静下来，等到他们叫完了，我们再安安静静地来教化。

正道正知正行不会被长久掩盖，就如同世间有的，你不能说没有，没有的，你也不能强说有。日常生活无法离开有与无，不过我们的内心应该要有一份强烈的正信。要是缺少这份正确的信仰，人生就在有与无之中模棱两可，更会乱了这一生的脚步，一失人身，万劫难再。

在日常生活中，正确的道理不能不相信，不能拨无因果，“理”要有正确的信仰，“事”不可是非不分，这样叫做事理圆融。修行，就修在“有中圆融”。用智能去体会人生，生老病死、生住异灭、成住坏空……这些变化的道理即是真理，我们要用心去琢磨，对事相要圆融接受，能够如此，心就能常在静中。

为电梯打针下药

常常有人在说“神通”，其实“行行有菩萨”——在各行各业中都有菩萨存在，只要能尽心为人付出，都算是“菩萨行”。所以何谓“神通”？当精“神”统一、因缘成熟，那么计划的事样样无差，因缘具足，自然事事皆“通”。

有一次，我听到慈济志工说，他们在医院奉献，感到非常快乐，并且可以在幽默的气氛中互相鞭策。譬如搭电梯时，里面载有志工以及医师，也许因为人数太多了，电梯卡住而停滞，上下动弹不得。在这种困窘的状况中，志工说：“医生！电梯生病了，你要为它打针，使它康复！”

医生也幽默的回答：“我们是佛教医院呀！你们要赶快念阿弥陀佛，请佛菩萨让电梯康复！”

志工说：“对对！我们来念阿弥陀佛！”过了一会儿，电梯竟然上下自如了。

一般人被关在电梯里一定会很紧张，而慈济人，不论是志工或医生，他们依旧那么沉着，即使暂被幽闭，也不失自在幽默。

志工不忘敬重医生，医生也不忘这工作环境是佛教医院，是以尊重志工。巧的是志工虔敬念佛，电梯就能动作了，说来也真是不可思议呀！

在电梯中上下不得，若是紧张烦躁，时间一定很难熬，反之，则心安身轻；这正印证了佛陀的话：“人不损其心，亦不毁其意，以善永灭恶，不忧随恶道。”人人要能照顾好自己的心，信仰要正信，时时存好念。

所以，“信佛”之人，若心有世俗之求，常常是求不得苦，一念之间就会迷信。“拜佛”之人，若是拜得对周遭一切漠不关心，也就成为偏差。真正“修行”之人，事事为别人考虑，时时以佛陀的慈爱心做为己心，把“凡夫心”换为“佛心”，这就是“转心轮”，又称为“转法轮”。

人生修行，最大的目标就是照顾、保护好自己的心，自然也不会损害他人修行的心意，善念不迷失，心的电梯就上下自如、运行无碍了。

一个让人疯狂的空瓶

一个普通不过的瓶子，对某些人而言，却好像是天赐的宝物，如果我们以平常心看待一切，任何东西都是平常的；若是以贪欲的心来看东西，哪怕是寻常物品一件，也会彼此争得头破血流。

许多年前，我看到了电视上播出《上帝也疯狂》这部电影。画面上是一片原始丛林，在那个地方没有文明，人们不着衣物，过的是很原始的生活，什么都没有，可是他们心满意足，没有什么东西好抢好争。

突然有一架飞机从他们的上空飞过，驾驶员随手丢下喝完的饮料瓶。这个空瓶子摔到地上，让好奇的原住民看了，以为是天神掉下东西，原住民好奇地想去拿，心里又觉得很害怕，动作真的很滑稽。摸了好几次才安心地把它拿起来，原住民觉得好奇怪，不知这硬硬的东西到底是什么？族人也都好奇地抢着要看，有的人拿来吹，可以发出声音；有的人用棍子敲，它也会有声音，大家都觉得这个瓶子很神奇。

本来是一个纯朴无争的净土，大家为了争夺这个瓶子，开始吵架、打架，从此这地方就没有快乐宁静的日子了。

这部电影是一种教育，人生何处不是如此呢？没有心欲时，大家可以和平相处，每一个人的心地都是净土，只要心欲一起，就有了争斗。

肢障奥运选手肯尼

有一位肢障运动员，名字叫肯尼，他只剩下三分之一的身体，没有脚也能行走，甚至还到韩国去参加奥运。而我们有两条健康的腿，却是望尘莫及。

记者问他如何训练自己在没有脚的情形下使用滑板？是不是很困难？他说没有什么困难。问他凭借什么毅力？他说不知道，因为一切都很平常。

这就是“常”，一个意志坚强的人，再艰难的事都认为很平常。问他是用什么方法来克服心理困难，他说不知道，因为本来就应该这么做。

这就是“至人”，他能做到的，我们不一定做得到，但在他自己看来却是很平常的事情。“神奇卓异非至人，至人只是常”，显异惑众者不是真正的圣人，真正的强人、圣人只守着一个常字，能够合理合法，合于我们的生活，不逾越人生的规矩，能够以身作则，这就是圣人。

修行不要学得奇形怪状，要是学得奇形怪状，那些看不到、摸不着的都不是正常法。正常的法就在我们日常生活中。

佛法谈苦空，空在哪里？外面在下雨，硬要说没有雨，可以吗？若说没有下雨，不妨不要拿伞，这样身体是不是会淋湿？不被淋湿那才叫做空，若是无法闪过雨水，那就不是空了，常中见空，自然自在，一切如此平常。

真正的平安

在炎热的季节，若能下一阵及时雨，就会感到清爽，尤其是清晨，在我们身心俱静的时候，更感到冷冽。假使雨势下得更大更猛，就会令人担心，因为四大若不调和，灾害就可能发生。

慈济的工作，常常要救急、救难、救灾、救病、救贫。人生的坎坷，生活不顺调，造成了人生贫病的困难，这也叫做不调顺。一年四季流转，“地、水、火、风”若能真正顺利、调顺，那么天下万物就会很调和，运行无碍。

假使整个月阴阴沉沉，没有出太阳，那就是“火”失调了，热气、热能失去调和。若几个月不下雨，那就是“水”失调，“水”失调，地上万物就不能生长茂盛。

热的时候，我们希望有风，微微的风吹过来，可使空气流通，无论是人类或万物都能得到充足的氧气，繁荣成长，这就是四大调和！

记得一九八七年的十月间，一夜大雨造成台北地区很多的灾难。多年前的“赛洛玛”台风，只是一阵台风刮过去，但是，损害了多少人的家园、住宅！这就是“水”和“风”的不调和。

是以“四大”是我们所依靠的，只是，在它调顺之时，我们往往不能起爱惜、珍惜的心态来感恩、接受，等到任何“一大”不调顺，或灾难临头时才来恐慌，这就是凡夫的心态。

所以，要时时珍惜这份“不知不觉”；因为真正平安时才会没感觉，才能让我们过得很愉快。这份最平常的道理、最平常的生活，我们应该谨慎感恩，不要等到顺境过去、坎坷的境界现前时，才怨天尤人。

不包尿布的小孩

许多年前，有一个小孩叫丘立杰，当时丘立杰的母亲告诉我，她带丘立杰到市场，看到番石榴很漂亮，于是挑选了五十元的数量。在她要付钱时，丘立杰拉住妈妈的手，蹱着脚大声说道："师公要建医院，你买那么多做什么?"

卖水果的人说："你儿子为什么那么大声，他到底在说些什么?"妈妈说："他说师公要建院，就是慈济医院还有二期工程要建。"在妈妈解说之后，卖水果的人就说："那就不要买太多。"于是他从袋中拿出若干，重新再秤，请她买二十元就好，剩下的三十元留着以利他人盖医院。

当年三岁多的孩子，在家里的地上捡到钱，也要给师公盖医院。他的父亲是警察，有一天破案有功，得到奖金一千多元，他就将钱换成铜板，准备给孩子拿来存储蓄罐，帮助建盖慈济医院。

丘立杰拿到这些钱心里好高兴，嘴巴一面念着"要给师公建医院"，一面将钱放到储蓄罐里面。一不小心有几块钱掉到地上，他就拿起扫把来扫，深怕遗漏了任何一个铜板。到了晚上，妈妈准备帮他包尿布，爸爸在一旁说："这一块尿布要十几块钱。"一听到一块尿布要那么多钱，他就一直扯、一直扯开，告诉妈妈说他不要包尿布了，要给师公建院，从此，他真的就不必再包尿布了。

有一天奶奶带着他经过医院，他说："师公的医院好大、好大。"奶奶告诉他："师公的医院好大，你是不是还要吃宵夜?"他说："不要了，我们回去好了。"从此他再也不吃宵夜。

当年这个很小很小的孩子，他的起心动念都是善，只要一听到钱，就知道钱可以建医院救人。他省吃俭用，不为自己，心心念念都是巨大庄重的大愿。

这就是心念、观念，心心念念都是要做好事，不论年龄能力，必能成就。

捐出储蓄罐的小菩萨

修行不要为了名闻利养，不要为了与人争胜，也不要求人天福报。那么应该为了什么呢？有人就说："那我就统统都不要，只专心闭门学禅、修行，我要放弃一切，脱离人群。"

在《法华经》里，佛陀呵斥这类的弟子，斥为小乘独善其身者，公然加以鞭策。所以，修行的目标是"修行"，不是"佛学"。

有一次，高雄一群会员来到花莲。其中一位可爱的九岁小女孩手上拿着一只储蓄罐，好像很重，来到我的面前就很恭敬地双脚跪下，把储蓄罐举得高高的，说："师公！这个要让您盖医院，让您救济贫民。"

我问她："里面多少钱？"

她说："我不知道。"

我再问她："你怎么有钱？"

"妈妈每天给我二十元，我把一部分存起来，节省零食和早上吃饭的钱就有啦！"

九岁的小孩，一片的天真，后来我问她："你把钱给我，有没有什么要求？"她想一想，说："我想把功德回向给爸爸，好吗？"假如她有愿有求，这也是孝顺的愿，所以这也是菩萨啊！

土地上，若没有播种，怎会有收获？看到人家的稻穗饱满，以为只要耕田，就有收成。要知道，耕种是开头，割稻在最后，最重要的是期间要播种、灌溉、施肥才会有好收成。所以，九岁的小菩萨善心不断，我们已看见了功德田的秧苗茁壮。

一位女孩的来信

曾经接过一封信，一位十几岁的孩子面临功课的巨大压力，使她的心理有了状况。有一天，她和同学讲话，同学有意无意地用手遮住鼻子，这个举动深深打击了她的心，从此她认为自己有口臭，只要开口动舌就会让人家看不起、令人讨厌，于是她开始逃避旁人。

她觉得自己的牙齿好像随时会掉下来，所以经常用舌头抵住牙齿，在信中她也提到这是不可能的事，可是心却指挥着她去行动。她也知道自己的行为很怪，却又不由自主做出一些旁人不可理解的动作。

她内心的压力无人可倾诉，时时闷在心中，才会造成这些毛病。看过很多精神科医生，也一直吃药，但是要她改掉看到人就产生疑心的毛病，很不容易。

她说，或许别人无心，但是在她眼里却觉得别人是有意的。她自己也知道这是多疑，然而要拨开这个疑心，实在是不可能。

虽然外界不动，但是内心无法平静，如此就形成了一股心理病态。其实，身病不可怕，可怕的是心病，有时医生明明告诉我们没有病，但是自己却觉得浑身是病，这样的例子不胜枚举。

这个女孩子信中提到：她在三年前就有这样的毛病，对人生万念俱灰，母亲带她和我见面，她才再提起精神来念书，后来考上淡江大学。

接到她的信，我感觉到人生的心病、身病都受到日常生活及周围环境的摆布，哪一个人没有心病呢？

我们要很注意，心病是在人事物的动静间不协调所致。过动的人是心理病，太静的人也可能是心理病，所以我们要懂得动静配合，这才是正常的人。心理的郁闷，要找一个可以为你开解的人倾诉，否则郁郁累累，难免千斤重担压垮了自己。

截然不同的两个女人

人心往往不知足，有了好的，还要追求更好的，这就是以追求为目的的人生。许多年前有一个台风天里来了两、三批人，令我接触到不同的人生。

有一对夫妻一到精舍，太太就说：“师父，我终于满愿了，可以到达这里。我一直想要来，可是时间安排不出，今天来了，我真的好高兴。”

看到她发自内心的欢喜，无形中我也感染到那份喜悦，她先生站在后面，看到太太欢喜的神情，也露出喜色，让人感觉到是一对幸福的夫妻。她说：“师父，记得您要盖医院时，我在吉林路的会所和您见过面。我听到要盖医院好感动，所以立下一个心愿，一定要加入建院的行列。过去环境和时间都无法配合，师父还有二期的工程，让我有这个机会，今天除了能够来到精舍见师父，我更能够满愿，所以我好欢喜。”

她拿出捐助的金钱来。这是真正的虔诚、心无旁骛，一心只想来到这追求已久的善目标。在百忙之中，夫妻抽出时间来完成心愿，难怪在达成心愿后，他们会如此欢喜。

另外一位太太则是朋友劝她来精舍，希望我能和她讲讲话、开解开解。这个女人也是很幸福的人，但是她却时时都准备着硫酸在床头，过着痛苦挣扎的人生。

对夫妻感情看不开的她说：“我的儿女都很乖，功课也都很好，环境也很好，大家都说我过得很好，幸福得像皇后。”我说：“这样你不是应该很快乐、很满足吗？”但她依旧深陷自造的苦海，不肯稍止。

“话不投机半句多”，一趟路远道而来，她还是无法解开心结。对我而言，宝贵的时间有许多事要做，分秒必争，而她光是自说自话，却不肯接受我说的任何一句话，这也是为何一直追求、一直比较的人，悟境遥遥不可期。

同样是女人，人生却截然不同。

遭抢记

有一次到台北，一下车有委员来接我，我坐上她的车，后面一位委员就告诉我："师父，我两个小时之前遭到抢劫！"我问她事情原委。她在松山车站附近的银行领取二十万元，准备存进不远处的邮局，因为缺少了一道手续，邮局要她到银行去补办手续，她只好再带着二十万元回到银行。

就在路上，一个年轻人瞬间抢走了她装钱的袋子。

她很本能地喊出："阿弥陀佛，有人抢劫！"她在后面一面喊一面追。附近有一家戏院，两位年轻人听到呼救，立刻上前追赶歹徒。就在十字路口，有一个人骑机车等在那里，歹徒眼见后面的人已经追上来了，他坐上机车后座，就把那钱袋往下丢，扬长而去。

委员拿回钱袋一看，钱数原封不动，一点也没减少。

她拿出钱要答谢帮忙的两位年轻人，他们不肯收受。他们是军人，正好放假出来看电影，委员想问他们服役的单位，请长官表扬他们，他们也说不需要，于是她把慈济的文宣品送给这两位义勇的年轻人。

等到静下心来，她深深感到，福不唐捐！她说："事实上该感谢的是师父与三宝加持！师父有这个机会让我们做事，长期做下来，收获最多的还是自己，有了这份福，才能够处处遇到贵人。"

这就是她们的心态，这是她体会到的福不唐捐。在最急难时，脑海中所显现的第一个念头就是"阿弥陀佛"。除了阿弥陀佛之外，她心灵上所想到的就是：这二十万元要捐给慈济。

她为了要替公公植福，已经付出十万元，现在的二十万元也是要捐给慈济，不能让歹徒抢走，她觉得自己还有很多事情要完成，这是她心灵上刹那间的念头。

修行讲智能，智能在哪里呢？就在急难中往好的方向去想。第一，想到三宝；第二，想到慈济众生恩。所以，这也是智能，而物质的付出就是福。

爱，要打开心眼

人往往因爱而苦，许多人为爱而苦，为爱而乱了心思，因而耽溺在象牙塔中。因为太爱对方，受不起一点点刺激，爱恨交加，使人如临悬崖，一不小心就容易粉身碎骨。

一个人的爱恨交织，常常会带来多少人的悲愤遭遇，这是人生，也常常是爱的结局。有些人所爱的范围实在是太窄了，爱得苦恼重重，因为他的爱全部集中在他本身以及爱他的人。

有一次我见到一位眼盲心明的年轻人，他心中有爱，还爱得很快乐，爱得身边的人也受到感动。

他专程来拜访我，他说："来见上人是我的心愿，您现在有什么事需要我帮忙的吗？请上人告诉我，我能帮忙您做些什么？"

听了真是叫人感动，他的眼睛看不见却要来看我，应该是我看他才对，那天风雨交加，他却专程从台北过来，这已令我很感动了，何况又问我，他能做些什么事情。

这也是爱，他心中有爱，能感受别人的困难，所以眼睛看不见还要为我做事情，这样的人生，他有没有残废呢？他是眼盲心明，心眼很明朗，所以他看事情很透彻。他并不是为自己请命，都是在为别人着想。

有的人只为了过去的爱，现在有了一点点的缺陷就爱恨交加，令自己陷入苦况，甚至精神几近错乱，周围和家里的人也跟着受苦，这也是爱。

爱有这么多种，明眼人的爱因为看得多、想得多，烦恼多，反而会忘记什么才是真正的爱。盲眼人，看不到世间的事，却闭上肉眼、打开心眼，他所想的，反而更为透彻，意志也更为坚强。

爱，只要打开心门，爱就可以清净透彻，不但使人感动，人生也更有价值，因为真正的爱，永远不担忧、不害怕。

排山倒海大波来

心中如果有一个“信”字，有信心、有目标，在这千变万化的人间、社会，就不会迷失了自己，自有一份定力可排除周围一切的困难。

在日本有一个故事，有位名叫大波的青年，他是职业的柔道选手，从小他就很注重锻炼自己的体格。

大波平时和老师、同学练习时，从来没有人赢过他，但每逢真正上场比赛，他却一定败输，从来没有赢过。这是为什么呢？同一个人，同样的力气，同样的形势，为何平时和同学、老师在练习时都会赢，偏偏比赛时一定输，为此他十分苦恼。

他认为可能是心没有调节好，要调好心，必须先知道如何定下心来，而最好的方法莫过于请教禅师。所以，他就探听到一位禅师，这位大师当时在日本一间小庵挂单。大波去找禅师，倾诉他的苦恼，并请教禅师要怎样才能定下心来，发挥柔道的功能。

在众人面前，禅师对他说：“你的名字叫大波，今晚你可以在寺里好好过一晚，要记得！你的名字叫大波，就像大海中的波浪，波涛的力量可以横扫直冲、排山倒海。你的名字和体格肯定能像大海巨浪一样，好好地思考吧！”

大波很仔细地倾听禅师的话，那天晚上就在小庵里面静坐、谛听，耳边似乎一直听到禅师说话的声音。禅师说过的话一直在他心中盘旋，他也一直观想，“对！我的名字叫大波，我的体格这么强壮，真的像海中的大波浪，可以排山倒海、直扫横冲！”

他观想着，好像这波大浪已将佛堂里的花卷走了，慢慢地，除了花以外，里面所有的家具也被海水冲刷掉了。接着更大的浪冲过来，好像整座房子都被海水淹没了，连自己也陷没在大海中，真是排山倒海，强力无比的气魄！

到了天将黎明时，禅师走到他身边来，拍拍他的肩，说："你已经成功了，以后到处都可以发挥这份柔道的功能，这才是真正的大波——身心如大海举浪，所到之处没有不胜利的。"这位大波先生感受到满心的静谧、冷静，又感觉到一股无比的力量在他的内心、体内回荡。

从此开始，大波果然成为日本柔道界的常胜军，成为日本的名人。他每一天都不曾离开那份心的定力，这份定力来自于信自己的目标、信自己的功能。将他的本分和名字合在一起，时时刻刻观照。

这是一个小故事，但也是一个活泼生动的启示，我们每一个人要做什么事情，都要有目标，也不要妄自菲薄。提起定力、信心，对准自己所订的方向，努力不懈，将来必定能达到目标，人生的浪潮里每个人都可以当自己的大波。

“漏气”求进步

许多委员做慈济工作并无所求，在无所求且尽力付出的当下，她们得到人生的大转变。还未认识慈济以前，即使物质再丰富，心灵依旧空虚，过着贪、瞋、痴自不知觉的烦恼生活。后来在慈济的聚会上，她们都很勇敢地说出自己迷失的过去，并且将过去的坏习气毫无保留地吐露出来。

接着，她们描述自己进入慈济之后的转变，家庭重拾幸福与快乐，人生有了正确的目标。每一个人都那么可爱，都有“互相漏气求进步”的勇气，这在佛法来讲叫做“发露忏悔”。

一般的佛教徒往往满口的忏悔，常常都说自己业重，要忏悔业障，只知道在佛前求忏悔。佛陀大慈大悲，尤其土雕泥塑的佛像，他只是听却没有反应。在佛前求忏悔的人，求过之后还是再犯，犯了之后再忏，忏过之后又忘记了，同样的习气一犯再犯。

一般的佛教徒之所以会常常犯错，就是这样的心理状况，反正我向佛说并没有人知道，只有佛和自己知道，因而一再犯错。慈济的委员没有这种心理，他们忏悔，第一是对自己的自性三宝而忏悔，再来是认为每一个人都是佛，要向现前的活佛忏悔，面对众人将他过去的错误说出来。

光是听到他们勇敢的忏悔，在这么多的人面前现身说法，再看看她们人生的改变，一切都值得了。一般人都说家丑不可外扬，但是又无法自我解决，一错再错，不断地恶化，使得家庭无法和睦相处，这就是凡夫之见解。

看看委员们的勇敢，这就是我常常说的，修行要有赤子之心、骆驼的耐力、狮子的勇猛；而这三种她们都有了。赤子之心就如刚出生的天真孩子，想哭就大声哭，欢喜就笑，这就是赤子心，绝对没有阴险欺诈的心态。错了就在众人面前忏悔，就像感冒了要吃散热的药，汗要流出来，病才会好。众生病，故菩萨病；病是最好的良药！维摩诘居士示疾，给了许多大菩萨深刻的体会，慈济委员何尝不是！

为人生写篇好文章

修行就是要深心、细心，不要粗心而懵懵懂懂过日子。平时的生活，即使是扫地、清水沟，也是修行的方式，拿起扫把，面对大地，我们就用心地扫，扫！扫！扫了这片的土地，也清净我们一片的心地。

许多年前，有一次大学联考的考题，好像是注意你周围的事物，即是一篇好文章。那时，我也常常讲："每一天就是我们人生的白纸，面对每一个人与物，就是我们一篇好的文章。"这是我很喜欢讲的话。

在生活中，若能注意人与事，会发现有很多值得我们去学习，也可以用这些人、事、物的形态来雕塑我们自己，使我们成为一件完美的艺术品。

注意周围，也要注意自己，一个整体的好坏出于个体，每一个个体若修养得好，一个大团体就会好。所以，一切都要从自己开始，对自己应要求严格，对他人则要时时抱着关怀，这叫做"宽人律己"。

对人要宽柔，对自己要严格，这就是"扩大心胸，容纳一切的众生"，这就叫做修行。缩小自己不断精进，这也叫做修行，缩小自己叫做功；宽待他人叫做德，合起来就是功德。

修行就是从这么细微的一个小点滴开始，如果我们能够如是观而笃行之，周围的人、事、物，哪一样不是我们修行、下功夫的契机呢？哪一个人生，哪一个动作，不是很美的艺术品呢？

只要我们用心、细心、深心来注意周围，人生即是一篇篇的好文章，所以修行，要时时刻刻反省自己，这样叫做定力，这样叫做修禅、修定，这即是智能。

一秒钟和一辈子

每一个修行人，都有一个目标——要“了脱生死，断诸烦恼”。要如何了脱生死？暂且不去谈。先问如何断诸烦恼？在日常生活中，到底我们在想些什么？到底我和人们之间的是非，已经解决了多少？

修行就是要把无明、烦恼拨开，拨开一分的无明，拨开一分的烦恼，我们清净的本性就可以发亮、发光；人人都没有办法预料宇宙间的事情，当然我们也无法预料这辈子有没有办法时时控制自己的起心动念。

人如果能完全掌握自己的起心动念，哪怕是一秒钟，如果能把它控制下来，由小而大，控制了一秒钟的心念，就有一分钟、一小时、二十四小时，甚至可以掌握我们这一辈子的去来自在。来去自在，就断诸烦恼了。

从这个心念的一秒钟开始训练，要怎么才能够求得了脱生死呢？要多多把握这一秒钟行善的心念，当下以智能代替烦恼，当下即是了生脱死。

卷二

分秒不空过

我感觉时间犹如电光火石，一刹那闪过的光而已。

人身难得，不要浪费任何一秒钟；提起精神，步步踏实去做。

不要过"年关"，要过"秒关"

你如果想上天堂，就要赶快行善，利用时间来累积善业。年底时，人们常常说，现在是年关，但我们不是过"年关"，而是过"秒关"，不仅不浪费一天，就是一秒钟都不要让它空过。因为有一秒才有六十秒，有六十秒才有一分钟，有六十分钟才有一小时，往后推算就知道每一秒钟都息息相关。我们要踏踏实实度过每一个秒关，一分一秒都要拿来做好事。

有一次，慈济医院送公文要我签署，拿到面前时，我问他："今天是几月几日？"他告诉我"六日"，我就签上一月六日，他一看就说："师父，现在是二月，不是一月。"我说："前几天才说快过年而已，怎么那么快就二月了？"

日子就是过得这么快，不知不觉中又过了一个月，日子到底是怎么过的呢？我感觉仿佛是电光火石，一刹那闪过的光而已。时间不会为我们而停留，时光匆迫，人身难得。人身难得，是因为做人，我们才有解脱的机会；因为做人，我们才有进步的机会。

普贤菩萨劝人精进如是说："是日已过，命亦随减。"我们日常的生活，一切的举动，要时时刻刻保持健康的心态、开阔的心胸，再接再厉保持恒心，不要浪费任何一秒钟。

珍惜每一个“人缘”

“未成佛前，先结人缘”，生于世间，任何一个结好缘的机会我们都不能让它漏失掉。假如在群众中没有结好人缘，互相结怨连仇，这个恶缘将会带到来生，成为行菩萨道的障碍。

以前有一次到台中，一位年轻的妈妈，带着三岁半白白胖胖的孩子一起来看我。

她是电台的广播员，也得过几回金钟奖。她说自从知道慈济后，每天早上都会收听我在电台中的讲话，也期望慈济的精神能透过她所主持的节目播送出去。

后来她又说，本来这个小孩子是托人照料，但她听到我说：“作为一个妇人家要很勤劳，不但要做成功的太太，也要做成功的妈妈。”于是就把小孩从保姆那儿带回来。之后，她常讲慈济的故事给女儿听，藉此教育孩子。

她的孩子会问她：“什么是盖医院啊?”她就解释，盖医院需要很多人乐捐金钱，以后医院盖好了就是要救人……就慢慢解释给孩子听。

这个小孩子变乖了，不会再打弟弟，甚至还很照顾他。

这就是“缘”，所以说未成佛，我们要先结人缘。好缘会聚，无论大人、小孩都能“一见欢喜”。

口舌掀起滔天浪

曾经在报纸上读到一篇文章，大意是有位老师为学生上课，教到“吾日三省吾身”。老师说道，曾子有一美德，每天总要反省自己的行为举措三次，检查自己有没有不小心犯了过失。老师要学生把这句话背起来。

这位学生回家之后用功地背诵，他父亲听见了就问他，“吾日三省吾身”这个“吾”指的是谁？他回答：“老师呀！”他的父亲听了很生气，就告诉孩子，这个“吾”的意思就是“我”。第二天老师考试的时候问：“吾日三省吾身的‘吾’是谁?”学生很快地回答：“老师，我知道，是我爸爸！”

这就是人的通病，别人在讲话的时候，总是事不关己，不肯用心去听，结果产生许多误会。

另外一种则是利口辩辞、针锋相对的人。

有一家理发厅聘请了一位来自国外的理发师傅。客人一坐下，他为客人围上毛巾，就问客人来自何处？客人回答：日本。他立刻又扯下毛巾，说：“我有一个原则，就是不为日本人理发。”

这位日本人回过头来问他：“你是哪个国家的人?”他说：“我是犹太人。”日本人说：“很凑巧，我的原则是不让犹太人为我理发。”就这样走出了理发厅。

这两个人以眼还眼，以牙还牙，言辞对答之敏捷堪称聪明。有很多人就是这么聪明，一句话出来，立刻用另外一句顶了过去，然而，这种聪明人是不是能够吸收他人好的观念呢？是不是真的聪明呢？

子曰："巧言令色，鲜矣仁！"利口辩辞针锋相对，口舌掀起了滔天巨浪！这就是世间之所以人祸不断以致召感天灾的原因。

所以，我们要讲好话、存好心、做好事。

狂暴的台风来临了

夏季常常乍来台风，必须做好防台工作，愈是平常的事情，它所包含的真理愈真切，愈是在平常之中，无常的事情愈是常。

有一位年轻人，从小他父亲就常在外应酬。还没有出门以前，那是一位庄重、有威仪的父亲；回来时却和出门前判若两人，喝醉酒回来就骂太太、打孩子。

在社会的教育以及母亲专心的培育下，年轻人学业成绩优异。在家里，尽管对父亲有巨大的不满，他还是压抑住了。

大学毕业前，他和同学一起参加庆祝及惜别会，庆宴中有酒、有菜。

他看到满桌的菜肴，又看到酒瓶很好看，倒出来的酒恬静、冰凉、味道又香，他不懂：为什么酒喝到肚子里，会使人变得丧失理智？

等到酒传到他面前，一来是不解，二来是复仇。就举杯一饮而尽，甚至，连别人的酒他也喝了。

年轻人喝醉了，勾起满腹的恨意，教育的熏养、妈妈的温柔忍耐都被抛在脑后。回到家，刚好父亲也带着酒意回来，两人发生了冲突，他恨不可消，竟错手打死了父亲。

所谓“酒不醉人，人自醉”，酒不会诱引人，只是我们的心被诱惑了，这就是欠缺一个防备的心理，就像没作好防台准备，难免祸灾临头。

随时提防狼来了

面对气象报告，我们一定要相信相关信息，同时也要作好准备。

面对人生要时时警惕谨慎，不要像放羊的孩子，常说："狼来了，狼来了！"喊多了就没有人相信了，真正遇到危险时，再叫也没有人理他，羊就被狼吃掉了。我们要时时提高警觉，当作野狼时时都在身边。

而无明惑风常在我们内心兴风作浪，比预防外面的台风还难，一不小心就乌烟瘴气，阳光也照射不进来。

所以说，要时时顾好自己的心，去恶就善，莫让人心中的狼吃掉了羊。

有终生之忧，无一朝之患

为什么地球上天灾这么多？那是因为人们多造恶业——电视上每天都有战争的画面，恐怖分子时时都在残害无辜，这就是人祸。少数人的心态偏差，造成了普天下众生性命涂炭，这一切都是从心而起。

人，生活在宇宙之间，宇宙是个大乾坤，我们的身体是一个小乾坤，大乾坤是四大假合，小乾坤也没有离开四大因素。

地震惊动了无数人的心，这就是地大不调。

台湾夏季多雨，有时台风过境带来豪雨、山崩、桥断、泥石流危害人命，这是水大不调、风大不调。

至于干旱、热浪、暴风雪等等，则属于水、火、风交叉不调。普天之下，大自然的景象不能调和，众生就会遭受很大的灾殃。

我们应该要分分秒秒保持修行的心态，不让自己的心行动作有不调的时候。所谓“圣哲有终生之忧”，既有终生之忧，就可免除一朝之患，谨慎自己的行为就不会犯错造业，不造业就没有果报。人心平安，大地就能调和，减少天灾祸害。

从自己做起，影响旁人，世界就会更好。

天热时想到谨慎于因果

全球暖化，夏日愈来愈热，地面上这份热气，空气没有办法吸收，再反射回来就异常闷热。一切业都是众生所造，众生会造一切的善，众生也会造一切恶。

我们有生为人的因缘所以得人身，否则就会投生在其他形类。我们与其他人共住在世间，这叫做“依报”。

除了依报，每个人还有各自不同的业报，譬如有的人长得很漂亮，人见人喜，环境也很舒适，一辈子平安顺利，步步高升，这就是他个人的“正报”。

无论正报、依报，总是种豆得豆，种因得果，因缘果报丝毫不爽。所以平常时候，做事要很谨慎，不要为了一时的享受，为了一时的兴趣，控制不了自己，一念妄失，那业报就难断了，想不去接受那个烦恼的果报，却不受不行啊！所以说可以随心所欲地去造业，但是由不得你不去受业，这个都是个人的正报。

从大自然冬冷夏热，我们就可以观察到很多因果循环，因果真的可怕！我们要很谨慎，“因”可随心所欲的去做，“果”却由不得人不去接受，造善得福，造孽也要自受啊！修行就是修在谨慎因果，我们不造恶因，才会不受恶果。

莫待雨露枯干了

人生除了需要物质，更需要慧命。慧命中的甘露法雨，应该时时去追求，慧命缺少了，甘露法雨就会枯萎，这比世间的缺水更可怕。

台湾多台风，台风动向又常诡谲难测，常常一个台风从轻度突然转为强度，又转为中度台风。然而台风的来临，却往往唤起了各地民众不一样的心情。

有的人听到台风要来很高兴，有的人则很忧虑。南部地区的人一听到台风要来，是抱着欢喜期待的心，希望台风能够早些降临，带来雨水以解旱象。有的地区则很忧虑，因为正是稻子收割的季节，可是，稻子尚未收割入仓而大雨将至。

有的人因为工程正在施工，水泥还没有干，鹰架也还没有拆，所以心中很忧愁。世间就是如此，忧愁、欢喜源自普天下众生心理上不同的企求，于己有利者就欢喜，会有损失的人就显得忧虑。

我们往往只会注意到在表相上缺少了某样东西，才懂得去追求。事实上，世间缺少水分，只是短时间内的缺水，然而，慧命要是缺少了甘露法雨的滋润，一旦枯萎，想要复生可就难了。一失人身，万劫难再，这一生接触了佛法却不思好好利用佛法，实践佛法，来生想要再遇佛法，可就很难了。

灵犬救主

在灾难频传时，有时候也会发现感人的事迹。

许多年前，我看到报纸刊登：有一户人家住在山脚下，屋主是一个工人，他只养了一只狗，平时狗是绑着的。

有一天，天将黎明时下着大雨，突然间狗不断地狂吠吵醒了他，主人很不耐烦地起来查看。

当他跑出屋外，顿然发现雨势豪猛，而且山的声音也极为异常。于是他拔腿就跑，拼命往前冲，五六分钟后，屋后的山崩塌下来，将他的房子掩埋住了。

他心中很感激自己的狗，突然间想到狗是绑着的，根本跑不出来，所以趁雨势较小、崩落的泥土稍微停下时，又冒着生命危险回去找狗。因为他抱着一份感恩，所以不顾生命危险，进入掩埋了一半的屋子。看到狗被埋了一半，他小心地挖开泥土，并且搬开压在狗身上的东西，救出了它。

狗被救出来时全身湿透、脚也受伤，他立刻用一件旧衣服将狗包住，抱起来涉水到安全的地区。这是在灾难中一段感人的故事，狗的灵感比人还要灵敏，山要崩塌以前它就有预知的能力，还对主人如此忠实。

过去的君子，只为了一餐之恩，就可以终身难忘。现在翻开社会新闻，所报导的往往使人心寒。

看多了有时会觉得人不如狗，狗和其他畜生都有一份灵感，道理却没什么大不了，他们只是返璞归真，所以能感受大自然的细微变化。

我们修行就是要修得反璞归真。

秦始皇如尘灰

有人问，什么才叫做成功的人生？在什么情况下，人的观念向好的路走去，或者向恶的路行走？

大陆有很多壮阔的景观，除了大自然的美景之外，还有人力造成的伟大工程。这些伟大的工程今何在？现在早已成为一堆废墟，但是当初建造之时，不知道牺牲多少人力与生命！

我们看看万里长城，或是秦始皇的陵墓。万里长城原是为了要保护江山抵御外犯，只要读历史或看看相关的一些戏剧，就可以知道万里长城之下，活埋了多少青壮的尸骨！

“孟姜女哭倒万里长城”虽然只是一个故事，但在那里牺牲了很多生命，却是不争的事实，为了要保护一个人的基业而牺牲这么多人。不但在世时，为了顾好自己的基业，称王雄霸在人间，就连死后在地下仍然要称王雄霸，因此在墓中也建筑了宫廷。可是，他依然在墓中称王吗？

许多年前，大陆的考古学家发现了遗址，开始挖掘，清理出石棺一具以及陪葬的人，其余的就是一些土做的兵马俑。到底秦始皇何在？人生就只为了自己而计较、争斗，牺牲了天下人的生命，纵使完成了多么大的基业，所留下来的也只是臭名万世。如果提到秦始皇，天下大恶无不归，所有的恶事都归纳到秦始皇身上，这样的人生有什么价值呢？

要是他当时能够将称霸天下这股力量，拿来拯救天下众生，现在也可以称贤称圣，成为人人口中所赞美的贤圣人物了。人只是一个念头，转了一个念头“为自己”就会留恶天下，为众生却可以成圣贤于人间。

一灯在心与万灯之寺

从前有一位年轻尚未受大戒的沙弥尼，住在一座古寺内。古寺有一位师父，带领着许多受戒的比丘尼，以及很多尚未受戒的沙弥尼。这位沙弥尼每天都很认真地听住持师父讲经。

师父时常讲：要明心见性，众生就是心地黑暗，所以愚痴覆蔽了清净的本性，修行最要紧的就是要明心见性，才能够解脱悟道。

这位年轻的沙弥尼完全听不懂，什么叫做明心见性，什么又叫做无明？要如何解脱悟道呢？本性又是如何被无明遮住的呢？有一天她进去为师父打扫房间，即趁机请问师父，要如何才能去除无明、明心见性。

师父告诉她："凡夫的心地黑暗，你要点燃你的心灯。"过去的出家人非常尊重住持方丈，师父回答之后，她不敢再问第二次，只记得要点燃心灯，可是又该如何点燃心灯呢？她真的不懂。

何谓无明她都不懂了，要如何点燃心灯她更不懂，这个疑问一直放在她的心中。随着年龄的增长，她终于受了戒，后来离开了古寺，到了另外一个地方去建筑一座寺院。

她的座下也收了很多的弟子，她每天都点燃一盏灯火，几十年之后，这座寺中点燃了万盏灯火，因此被称作"万灯寺"，她每天就看着这些灯火。一直到了将近八十岁，身体违和了，最后之日，她把弟子全部叫到身旁。

她说："你们可知道我为什么要建这一座寺院，每天增加一盏灯火？现在寺内周围，上上下下已经具足了万盏灯火，这是因为在几十年前，我的师父告诉我要点燃心中的灯火。我每天都点亮一盏灯，希望能把灯火点入我的心中，除了点灯之外还看灯，不断地想着：该如何来点亮心灯？诸位，我已经点燃了万盏灯，可是我的心灯却还没有点亮，这是我这一生中最为遗憾的。”就这样她流着伤心的眼泪，往生了。

心灯无形，那位比丘尼听到“点心灯”，却无法悟出点心灯的意义，只是每天在寺内点佛灯，纵然她点了万盏灯，却还是无法燃起心中那盏明灯。

太阳在哪里

真正透彻的道理，向一位无法接受的人宣说，并且要他了解，是一件很困难的事；对于能够了解的人，则“一理通，万理彻”，一听就可以拳拳服膺，不必赘言。

佛陀说：“大道无言说”。真正的大道理，你要如何讲呢？有时再如何解释都讲不通，就像明眼的人向盲人解释太阳的形状一样。

有一位眼睛看不见的人，他一出生就未曾看过太阳，有一天问旁人：“你们常说太阳、太阳，什么是太阳？太阳是什么形状呢？”旁人告诉他：“太阳是圆的。”他又问：“圆的是什么形状呢？”

明眼人赶紧拿一面铜锣让他触摸，说：“圆就像这样。”盲者赶快伸手摸一摸，说：“这样叫做圆的？太阳跟它一样吗？”他接过铜锣，再轻轻地敲敲看，咦！会出声，他脑海里闪过一念：“噢！原来太阳的声音就是这样的啊？”

他走了一段路，听到远处有一间寺院在敲钟，他想：原来太阳就在那个地方。于是，循着钟声一直走到寺院。到达时他就问：“太阳在哪里？”

寺院的人告诉他：“太阳光可以照亮普天下，你要到哪里去找太阳呢？”他说：“可是，这里明明有太阳的声音啊！”

寺院里的师父说：“那是钟声，不是太阳的声音。”

但是，再怎么解释，他就是不相信，真是有理说不清！后来这位出家人又告诉他：“太阳没有声音，太阳的功能是会照亮普天下，它的形状是圆的，而且它有热度，太阳的光热能照耀天下。”

盲者说："可是我看不到啊！光和热我无法了解。"出家人就拿了一支蜡烛把它点亮，说："太阳的热和光跟这个相似。"盲者小心地伸手探摸：是一枝长长的、上面热热的东西，他又以为这就是太阳。

盲者凭着触觉及听觉而自作聪明，以为太阳会出声音。所以，寺里的师父不得不用蜡烛来譬喻太阳。但是，他又以为太阳是一只长长的东西。其实，这是要表明太阳的热能和功用，他却又执著在那长长的形状！

有一天，一位乐人拿着笛子吹得很自在，盲者听到声音，问说："这声音是用什么东西吹出来的?""是笛子。"他又问："笛子长得什么样子，可否借我摸摸看?"一摸，盲者很惊讶地说："这是太阳，你用太阳在吹曲子?"

要做真正的明眼人，必须用眼睛看、耳朵听，要双管齐下。但是耳朵可以听，也可以"看"；眼睛可以看，眼睛也要顺便"听"，双管齐下，便是"多用心"，多用心，则可明辨矣！

穿过窗户的大象

许多佛教徒会去“朝山”，在路上要三步一拜并不是容易的事，一般人不易做到，而佛教徒就有这份勇猛心。三步一拜的形态是非常虔诚的，但是我相信在这么多拜佛的人当中，有的人拜下去时所观想的可能不是释迦佛，即使拜下去时想到了佛陀，但后面还是心思纷飞——想到儿子的事业、媳妇是否听话、孙子是否认真用功……种种烦恼，念念相随。

有的人经营房地产，说不定一拜下去就想到土地卖出去可以赚多少钱，投资股票的人则希望拜山回去所得到的消息是股票涨价，这些人在形象上都通过了，却还有一个“尾巴”被夹住了。

现在有很多人，不论信奉何种宗教，表面上看来都很虔诚，共修的时候大家聚会，打佛七也好，拜忏也好，或者大型的法会也好，总是有个形式聚在一起。但是，下殿之后，人与人之间相处却心念分歧，也就是是非之心放不下。身形看来虽然很殷勤，但是心念却放不下，心中有什么念头呢？莫过于“贪、瞋、痴、慢、疑”。

禅宗有一个故事，有一位国王梦见一头大象从很小的窗格子中穿过，身体都已经过去了，偏偏尾巴被卡住了。国王做了这个梦之后觉得很奇怪，他就去请教一位解梦的星相家。

这位解梦的人告诉他，人们多数在形式上求解脱，可是心念里却充满了贪、瞋、痴、慢、疑。

同样的，人在修行的形态上，已经破除了很多的困难，比如父母不允许或是家庭责任未了等等，好不容易破除了种种责任、难关出家了，但是出家后，心念偏偏又放不下，还有很多不清净的意念。这就像大象的身体已经穿过窗子，偏偏那个小小的尾巴被卡住了。

人生在世，心心念念，不也常常被窗户夹住，动弹不得吗？

明眼人撞到了瞎眼者

从前有一位盲者去拜访一位法师，向他请益，天明时候去的，一坐下就谈很甚晚。寺院位在偏僻之处，他要离开时，法师就点起一个灯笼，让这位盲者提着。

盲者接到灯笼之后问法师："这是什么？"法师告诉他："是灯笼。"盲者说："师父，您在跟我开玩笑吗？我的眼睛根本看不到！有没有灯，对我来说都是一样！"

法师说："我知道这盏灯对你来说有没有都一样，不过，外面很暗，要是你拿着这盏灯，别人就不会撞到你了。"盲者心想也有道理，于是带着灯笼离开了。

走了一段路，还是被撞到了，撞到他的人凶恶地骂他。他说："是你撞到我，难道你没有看到我手里拿着灯笼吗？"撞到他的明眼人说："你的灯笼已经熄灭了！"盲者说："我是因为看不到，才需要拿灯，你是个明眼人，为什么没有看到我呢？"

这一个故事，道理历久弥新。有的人眼睛看不到，有没有灯都是一样，但是他却还会想到要追求真理，这就是要点亮自己的心灯。而有些眼睛看得到的人，却不懂得去追求道理，甚至明眼人撞到盲人，还无理骂人。

有的人听了佛法、懂了道理，有时无明一来，还是强辞夺理，明眼和眼盲又差多少呢？黑暗固然痛苦，当我们走暗路时，心里也是很惊慌，唯恐踩到窟窿或踩到蛇，那种猜疑心难免会有，怎么样才能无忧无怖呢？

修行不是要学聪明，而是要学智能——透彻的智能所表现出来的是爱与慈悲的形相。如果不点起心灯，启发内心的智能，光是用肉眼看人，就会时常撞到人。躺在医院外科病房里的，通常都是明眼人，他们因为看得到世界，但是又疏忽大意，才会发生车祸。

病痛原本是启示

人生在世间，平时不感觉到苦，一旦有病痛或有心事，往往觉得如吞黄莲！有人说："人家说世间苦，我倒不觉得。"那是因为他生活在平顺中，不觉得有所挣扎。

看待生命要是能够到达"生而无生，死而无死"，才有真正的轻安。禅宗公案，有一位学僧问他的老师，什么是菩提道？什么是清净的觉悟？他的师父说："你现在赶快死！"他一听立刻全身躺直。

他的师父说："人死，心还没死。"他回答："你要我死，我马上就死，哪有人死心不死？"师父说："人死了，怎么还讲话？"这位学僧立刻开悟。

这故事听起来好像儿戏一样，事实上，一切的举动都是禅机。老师说一句话，也是含藏着很多的禅机。"要你马上死"，意思就是叫你万缘放下，"生就生，死就死；迷就迷，觉就觉"，这就是要我们的心时时刻刻、分分秒秒都随缘放下。

但是，听的人以为遵师命就好，要你死，你只要躺下来，做个我依你的话而行的举动，这只是在行动上听话而已。"人死心不死"，意思是说，只在做表面功夫，内心并没有做到万缘放下，表面的死，并没有打死内心的念头。

弟子认为，"你要我死，我就死，难道还不好？"这就是反抗，自己无法彻悟，所以，"人死，心口未死"；一定要身、口、意三业通通都死，这样才能真正静得下来，心无所求，意无贪恋。我们要随缘消业障，若能如此，怎么还会有什么灾殃呢？

病痛是过去所造的业，现在来承受，身体就是承受一切业力的报身。一阵的病痛来，我们就要有一分的感恩：我又病过一场，等于一番的业我又承受下来，那业，就消掉了，不执著于病痛，如黄莲苦口，却也清脾益身。

将军和他心爱的杯子

我们住的地方是娑婆世界，各种感受因人而异，有的人住在好修行的地方，却是满心烦恼，当下即是娑婆五浊的世界；有的人住的地方真的很简陋、复杂，但是他少欲知足，时时抱着欢喜的心，那么即使是浊世恶土也会变为净土。

过去日本有一位将军，在争战时可说是有万夫不挡其勇。这位将军在国家没有战事、比较安宁的时候也有一些爱好，原来他喜欢瓷器，其中有一个极心爱的杯子，他甚为珍重，一有空暇就欣赏把玩。

有一天，他把这个杯子拿在手中欣赏，心里正高兴时，忽然手一松，杯子差点滑落于地，幸好他动作快，又把这个杯子捧住。

东西险些滑落时，我们的心会吓一跳，把它捧起来时，我们会流了满身的汗，这种经验，人人都有。这位将军也是这样，尤其那是他最喜爱的杯子，在快速捧起杯子的刹那间，他就想：为什么我平时进入战场，刀、枪、剑都不惧怕，但是为了这个杯子，我竟吓出一身的汗，为什么？他一直问自己：为什么？

忽然有个念头在他脑海里闪动，那就是为了爱，贪爱，有这份贪爱，就会有恐惧！因此，他把手中这个很喜爱的器皿丢得很远，很远，摔破那个杯子。当下他觉得一身的轻松，没有挂虑，不会再为了这个杯子而生起惶恐忧怖之心。

这是一个启示，平常我们可能觉得自己很优势，没有惶恐，其实人人都有弱点。修行人也有一份弱点，平时以为自己多有修养，心胸多宽大，一切都为他人，不为自己。但是，到了利害关头时，就可能生起要如何保护自己、要怎样才可以胜过他人的心态，希望能早一天爬得很高。这就是人的弱点，我们修行，要修得时时心都坦坦荡荡，了无挂碍。

御花园里的小鹿

世间人，心易动，“爱着福果报，而不好福因，求有不求灭”。人往往只知道向“有”的方向一直去追求，向爱欲的境界去贪取。

社会人心多陷阱，但是我们的心不要被动摇。佛教比喻世间相是为“爱河千尺浪，苦海万重波”。世间犹如一条河或一座海洋，风一吹来就翻起波浪，我们的心，若经不起社会上的爱欲引诱，也会陷于“苦海万重波”而灭顶。所以，世间人心多动摇，因为处处皆陷阱，因此心时时都在动，难得有静心的人。

为什么心动？因为“爱着福果报”，做了一点事情就说是在造福、可消灾。我也时常听人家说：“我拜佛拜得这么虔诚，为什么所求的不能如愿？我也做了很多好事，为什么还是有那么多障碍呢？”

这就是“爱着”，为了求福才肯去做一点点好事；做了一点好事又时时记挂在心上，这叫做爱着福果报，而不好福因，一个人如果做什么就想立即成功，或是还没造福因就想成就福果，实在难啊！

佛陀说过一个故事：有一只很漂亮的鹿，有一天突然跑进国王的花园。园丁见它进来，怕惊动了它，所以不动声色，让这只鹿逍遥自在的在御花园里玩耍。

此后，每天它进到御花园时都没有人来惊扰，久而久之，它就很自在地进出，在御花园里吃起细嫩的草。有一天，国王到花园来赏花时，看到这只美丽的鹿，甚为喜欢，命人将鹿捉起来送到宫中。

园丁希望国王给他一点时间。尔后，这位园丁每天都在草上喷蜜，这只鹿吃到甜甜的草，浑然忘了自己置身何处，更没有警觉到周围有人。于是，园丁开始用木栅将鹿的周围围起来，它仍然没有察觉，还是继续吃草，它不知道自己的活动范围已经愈来愈小了。

后来这位园丁身上背着一些草，肩膀上挂着一罐蜂蜜，将蜂蜜倒在草上，去喂这只鹿。为了吃那甜甜的草，鹿儿也不觉得自己所吃的草是人拿给它的。于是，园丁就一步步地将它引进皇宫。等到园丁将草收起来时，宫中的人全部围过来，这只鹿才如梦初醒，看到那么多人，吓得全身发抖。

国王看到几天前这只鹿在大自然的环境中，显得那么逍遥自在，现在进到宫中，反而惶恐得全身发抖，这只鹿的境遇启示了国王，他想：众生往往心动于味觉、贪着于气味，它若不贪着于爱欲，也不会陷入人们的圈套而惶恐挣扎了。人就好比这只鹿，时常为了贪爱而进入圈套、陷阱。

爱如果贪着，就会愚痴，如闯进御花园的小鹿。如果人人能够从众生心回归到真心，就能做自己的主宰。

歧路之上，才有亡羊

冬天一来，霜落雪冻，树叶也随之枯萎，这就好比人生老迈的时候。我们的心要时时保持在春季，万物生根发芽的时刻，那就是精进。佛陀在世时，教育弟子行六度：布施、持戒、忍辱、精进、禅定、智能，于其中，精进为第一，因为精进是我们抵达佛道的原动力，就像汽车与飞机的引擎。

佛陀的僧团里，有一位比丘十分精进，他求道心切，十分用功，经过了六七年的时间，他体悟佛陀教法的高妙，也知道要自己身体力行。六七年过去了，他认为：佛陀的教法，该听的我都听了，该懂的我都懂了，现在需要的是自修的时间；可是，在僧团之中比较没有时间好好用功，必须赶快找一个地方修行。

于是，他到深山之中认真地坐禅观法，同样又过了七年的时间，但是，他发觉外境愈静、心却愈是定不下来。有时一定下来，他就自我反省："在这个境界里我到底获得什么？在佛陀座下，虽然是僧团群集的生活，却可以过得平安清净；脱离僧团，我又在这里得到些什么？"

七年的时间很快就过去了，中年过了，老年将至，万一到了最后一刻还不知道路在哪里，失去人身，万劫难再，该当如何？他觉悟到，不应该离开佛陀身边，因此又回到精舍。

他不敢马上去见佛陀，只好去找过去在僧团里谈话比较投机的人，师兄弟慢慢地安抚他，静听这位比丘满腹的抱怨，后悔空过了七年的时间。

舍利弗说："现在唯有佛陀才能够解开你内心的烦恼，我带你去见佛陀。”当事人非常的愧疚，舍利弗即勉强带他到佛陀座下。佛陀看到这位比丘来了，就向舍利弗说：“不想见我的人，你为什么勉强带他来呢？不听话的人，勉强他做什么呢?”

舍利弗为他讲情，佛陀的态度转为温和，听他讲在僧团的七年以及自修七年的心路历程。但是，此时他修行的信心以及精进的念头都已经冷却了，所以，他内心非常惶恐。佛陀告诉他：“你过去生曾经走错了路，后来又生起勇猛奋发的精神，你那股精神到哪里去了呢?”这位比丘全神贯注地看着佛陀，并专注地聆听佛陀的训诲。

佛陀问他奋发的精神和智能到哪里去了？他仿佛大梦初醒，体会到“精进之路是平常道”，稍有不慎就很容易走向异端之路。

人生如同修行，若选择了一条路，不论是快是慢，只要是正确的方向，一定要继续向前走，否则一步差，则步步皆错。走上歧路，犹如亡途之羊，放弃坚持与理想，最终一无所得。

经商者的故事

佛陀讲过一段自己过去生的故事。他说，有两组商队要外出经商，出门之前将货物准备妥当，各自又带着几十车的粮食和水。因为商队的人数众多，为了避免秩序混乱，于是两队的领队就商议分批出发，其中有一位很有智能的领队说："既然两队要分批出发，请问你要先走还是后走呢？我让你先选择。"

另外一位想：我不必争取就可以得到选择权，真是求之不得！于是他选择先走。因为他觉得先出发，拖车的牛只可以先吃到一路上的青草，而且大队人马走过的路很可能被践踏得不好走，所以先走比较平顺安全，也可以得到比较丰富的水源饮水。

不论哪一方面他都考虑得很周密，以为这样可以抢得先机，而且到了一个新的城市，新的市场好开发，先出发可以得到种种的好处。

另一队的队员很不满，他们觉得好处都被占先殆尽！跟着后面走的人，不但牛只没草可吃，路又被踩坏了，岂非危险十分？而且生意要是被他们谈定了，踵继其后岂不是没生意可做。

这位有智能的领队告诉他们说："没错，先出发的人一定可以让牛吃到青草，不过，草被吃过之后还会长出鲜嫩的新草，我们的牛正好可以吃到鲜嫩的草。其次，大队人马走过的路反而更为踏实，而且市场有了他们投石问路，我们再去会比较安定。"

他处处都往好处想，心意坚定地领导第二批出发的大队向前走去。他们经过广大的沙漠地带，里面有很多夜叉恶鬼。这些夜叉专门吃人肉、喝人血，要是经过的人身体健壮，他们就必须费很大的功夫，于是夜叉首领就告诉夜叉众，大家手拿一朵青翠的莲花，将身体淋湿，去诱导商队走入乏水缺粮的境界。

夜叉们走到第一组商队面前，商队的领队看他们手执莲花，身上又湿润，就问他们从何处来，那边是不是有水？

众夜叉回答："我们从南边来，那里不只有水，而且还时常下雨，天上降雨，地有清泉，你看！那边开着这么美的莲花，土地当然也很肥沃！"

领队听了很高兴，他告诉商队人员说："不用辛苦地运水了，过去不远处时常都下雨，又有流泉，大家可以把水倒掉，比较轻松。"

大家听了他的话，纷纷把水倒掉，身心轻松地向南走去。可是愈向南走，才发现前面是一片寸草不生的空旷沙漠，天色已暗，他们只好将车子围成一个圈子休息。几天之后，他们因为缺水缺粮，精神委靡不堪，夜叉趁机吃了他们的肉、喝他们的血，留下一片狼藉。

几天之后，随后的商队也来到这个地方。在尚未到达夜叉的地盘之前，这位有智能的商人就告诉大家，不论遇到什么样的境界，心都不可以动摇，即使对面有流泉或雨水，我们的饮水都要守好。休息时，他一定将车子放在中央，人则守在外围，他自己就在周围巡逻，照顾大家，以保大家精力充沛，人车都有活力。同样的，他们也遇到了夜叉手拿莲花，身上淋水，引诱着他们，但是他们毫不理会，继续向前走去。

来到前面商队遇难的地方，看到人和牛马都死了，但是，牛车上所载的货物安然无恙，于是他们就将车上的货物搬过来，运到其他的市集去，赚了一大笔钱。

佛陀说："想占便宜的人，所得到的结果又是什么呢？要是能够时时礼让，时时将心念往好处想，坚定所选择的道路，总会到达目标。"

佛陀的意思，即在教导学法修行的人，心不要在半路起退转，也不要取异道，这是很危险的行径。在正道中也一定要有定力；并且待人退一步，爱人宽一寸。我们若能够时时宽心待人，做事时时都退一步、让一步，在人生道上就可以生活得很快乐。

得了“缺爱症”的富翁

人人生活在这世间，何者最幸福？何者最快乐？什么事最苦恼？什么会使人生病？只有一种方法，丰富他的爱心，他就没有病了；欠缺爱心的人，则全身都是病。

若是爱心充足，一切为别人着想，所做尽是付出，肯定会获得快乐；假如欠缺爱心，一切贪，取为了一个贪字，千奇万疑就发生了。

佛陀在世时，有一个富翁，他的财产占了整座城的一半，但是，他却嗜财如命，爱得心无他念。因为太爱钱，所以对身边的人随时随地起怀疑。

日久月长，他的亲戚，甚至太太、儿子都一一离他而去，他的仆佣也受不了而离去，只剩他一个人生活在孤寂中。他不快乐，却不知道不快乐的根源在哪里，每天还是守着那些钱，在疑与慢之间煎熬。

一遇到不如意的事，他就发脾气，认为：我很有钱了，可以叫你做任何事。这就是贪、瞋、痴、慢、疑种种毛病都聚集在他的生活中，所以他非常痛苦，日累月积之下，终于，他病倒了。

佛陀知道了，觉得他是世界上最可怜的人，于是亲自到这位悭贪老人家中，为他开解人生的道理。因为已经很久没有人如此亲切、慈祥、自动地来到他面前，与他说话，佛陀慈爱的行动感动了他，这位悭贪的富翁向佛陀合掌，恭敬地说：“佛陀，我全身都是病，将不久于人世！”

佛陀就对他说：“你患了缺爱症，心中欠缺了慈悲的爱念，若要医好身病、获得幸福，唯有一途，就是把你埋在深处的爱心发掘出来！”

这位富有却悭贪、孤单的老人听到：爱心埋藏在内心最深处，他的心真的颤动了！佛陀离开之后，自己静静地思考，终于领悟到："对！当我生病之后，我最爱的东西能为我做什么？我的妻子、儿子、亲人因为我不曾给他们爱而离我远去，这样的人生多苦！"

他赶快叫人把孩子找回来，说："儿子，过去我辛辛苦苦地赚钱，无非是要把产业留下来，现在我想通了，一个只会守着钱财的人并不快乐，为钱计较真的很痛苦；一个只会爱钱而不会用钱的人，是天下最大的傻瓜。"

他继续说："我已经决定把这些产业交给你，但是，如果你不懂得用钱，还是没资格接受这些产业。现在我交给你三千贯钱，在一个月内，如果你能帮我用掉这三千贯的钱，我就把产业全部交给你。"

他的儿子向来用钱都很不自由，更已受尽了缺爱的痛苦，现在忽然得到这么多钱，一时也不知该如何支配。后来他想到：人生欠缺爱是如此痛苦，我要这些钱做什么呢？若只拥有钱财，像父亲有那么多钱也没什么用。所以他发愿要把这些钱带到最贫穷的地方，扶助孤苦无依的人。

看到无依的老人，他就找一个地方让他安顿，好好养老；有病的人，给他们医药；缺乏衣服的，给他们衣服穿；孤儿无处依靠的，他就建立孤儿院。总之，他到最贫穷、苦难的地方去布施，一个月后，他回到父亲的身边，告诉他父亲说："我把所有的钱都用完了。"父亲问他把钱用在什么地方？

儿子详细交带代了钱的去处。老富翁满心欢喜："从以前到现在，每次有钱进来，我只不过把钱的数目点一点，知道钱的数目又增加了，可是从来不知道，钱好好用出去时是这么的快乐，震撼人心！"他埋藏在最深处的爱心，一刹那间都被启发出来了。

他说："爱人是如此的幸福、快乐；爱已经治好了我满身的病痛。"他的人生完全健康了。

世间人常常欠缺爱，在团体中生活，为什么会不快乐？是欠缺爱；

同事与同事之间，为什么有“人我是非”呢？更是欠缺了爱。

如果有大爱，人与人相处一定会很欢喜，很快乐；同事之间，一定会很和谐。所以佛陀说“四摄法”：布施、爱语、同事、利行。在日常生活中，一切都为他人着想，为利益他人而付出，这就是菩萨行！菩萨岂会得到“缺爱病”！

被歹徒教坏的大象

人的心很容易受到动摇，明明做的是对的事情，然而心有所着，很快就会被移转。若着于恶，则恶自近。

佛陀曾经告诉座下一位比丘：“你的心就是缺乏主张，什么人说的话你都可以信受，谈正法你信正法，谈邪法你信邪法；教善你学善，教恶你学恶，你的心本来就不定性。”

过去，有位国王统领全国，他有一头聪明的白象，国王为它建了一座别致的象舍，还有象夫专门照顾。

当时，城内有一群歹徒经常聚在一起，集会的场所就选在象舍旁边。这些人每回要去抢劫时，就说：“人要为自己争取！若是不残忍就无法生存，不伤害他人就无法生活下去！”这头象常常听到如何去伤害人的话，久而久之就以为这些话是对它讲的，所以脑海里充满了“忍”是吃亏的想法。

有一天，象夫为它洗澡，不小心碰到它的痛处，它一生气就用象鼻把他卷起来，摔到很远的地方。象夫感到很吃惊，平时温驯的象，今天怎么会变成这样？他走到大象旁边去问它：“你怎么会这个样子？”结果，这头象又把他卷起来，丢到更远的地方去。

象夫吓得躲得老远，大象更以为只要发威，就可以得到人类的信服，所以，它就用尽力气把象舍周围的东西都撞坏了。它还觉得这样很轻松、很欢喜，这是它的自由。

象夫向国王报告：“大象发狂了！”国王就对身边的一位智者说：“你赶快去看看，我心爱的大象为什么会发狂呢？”

智者看了看，认为大象没有发狂，一切都很正常。他又看看环境，问这位照顾大象的人："附近是否有人出入?"

象夫据实以告，智者于是回去向国王禀告："大象很正常，只是它脑海中已灌输了不正确的邪法，希望国王能请出家人到那个地方说法。"

国王依言而行，敦请有德的高僧到那里说法。经过了一段时间，这头象吸收了佛法，又变得温驯良善。

佛陀说到这里，看看比丘："你过去生就是这头象，近善就善，近恶就恶，你的心时时都在动，所以静不下来。"

"先闻邪见法，心着而深入"，我们过去如果听闻邪法，心就容易执著邪见，被它所入侵。所以，修行必定要亲近正法，才不会污染了自己的心。

猎人学鸟叫

大家常常使用“共业”这个词，可说已深入人心；什么叫共业？共业是大家共同的心态所形成。比如：我们这个地方，如果每个人都很和善，可以感应环境与气候，使一切吉祥，这就是善的共业。如果是灾难多的地方，就会感召天时不调，该有风时无风，该有雨时无雨，这也是众生业力的累积所致，当然也是共业——恶的共业。

佛陀在世时，有一个国家发生内乱，国王领兵亲征。他前去请教佛陀，为什么国家不能和乐呢？佛陀说这源于过去世时，人民的共业。佛陀讲了一个故事给大家听：

久远以前，在森林里有一群小鸟，每天过着和乐的日子，发出合鸣的歌声。

有一位猎人看到小鸟如此多，就生起一个念头，要捕鸟以为营生。他想用一个大网把鸟群一网打尽，但这些小鸟聪明伶俐，看到网子就飞走了。猎人得另外想办法：鸟群一定有一只鸟王，也就是领导者。所以他常常去听鸟的声音，发现鸟群的领导者，叫声跟其他的鸟不同，他就用心地学；也了解这些鸟的生活形态，只要领导者一发出声音，所有的鸟就会跟着它飞。

当他的声音已经练得和鸟王一模一样时，他就把网子撒下，然后学鸟王的叫声。结果鸟群都投网而来，他一面学鸟叫，一面赶紧收网，果然网住很多鸟。日积月累，山林中小鸟的数目便一直减少。

后来，有一只很有智能的鸟，把所有的鸟聚在一起，告诉它们：“同伴们因迷于声音而误入鸟网，长期下去一定会绝种。我们应该要有团结的精神，这时候唯有自救，才能脱离被捕的灾难。”

要如何自救呢？它提出建议说：“我们要同心协力，鸟网一下来，我们就合力抬起来，展开翅膀，把鸟网衔到别的地方去。”

“这真是一个好方法！”

隔天，捕鸟的人又来了，这些小鸟就全员出动，网一撒下，每一只鸟都同时展开翅膀把网子顶起来，然后，抬着网子一直飞到干枝枯叶的地方，才把网子丢掉。

捕鸟的人看到他的鸟网被鸟群衔走，追也追不到，等到他找到网子时，网子已被枯枝、烂叶给勾破了。

这是释迦佛的教诲，他说：“世间有很多陷阱，所以要能同心合作。像小小的鸟类，只要团结也能把天罗地网打破，过着安和乐利的生活，更何况是人类呢！同在一个国家，为何不知足，还要互相残杀、争斗呢？”国王听了佛陀的教诲后，深深感到惭愧。

现在，我们看到许多国家交相仇恨与征战，共造恶业，不由得又想起这个故事。

躲到人心深处的天帝

人人都有个法身，且与诸佛无异。而人，之所以为凡夫，是因为被迷茫的杂乱心所覆盖，因此清净的自性法身无法显现。要修行，就必须向自己的内心去找。

人有人的本性，人最清净的本性就是佛性。“佛在灵山莫远求，灵山只在汝心头，人人有个灵山塔，好向灵山塔下修。”人人都有一个灵山塔，若凡事都执意要用二千五百年前佛陀说的方法去修行，哪有办法学到呢?

佛典中有一个故事，有一天，天帝告诉佛说：“佛陀，现在人间有很多人要找我，我想和他们玩个捉迷藏的游戏，不知道该躲到哪里才不会被找到？我应该躲到天边或海角呢?”佛陀说：“你只要躲到人心的最深处，他们就找不到你了。”

这是一个故事，但是仔细想想，天边海角容易找，可是放在人心里面反而找不到。比如外面的声音，远远地我们就可以听到火车的声音或吵杂的声音。然而，我们自己内心的吵杂、不得安静，自己却往往无法察觉。其实，恶声恶念，无时无刻都在我们的内心中挣扎，而且扰得我们造出许多恶业来。

我们的内在有佛性，当看到别人善良、好的气质修养时，知道那样很好，我也要学习。但是，回过头来，往往又觉得没那么容易。我们要修行，觉得佛陀很伟大，有超越人群的智能，我们也要学他，但是，我们却自己瞧不起自己，老是觉得自己没有办法做到。

佛陀和这位天帝说的话，听起来虽然很浅显，道理却很深。我们要启发良知，自然就可以发挥良能。天性就是良知，但是，我们这份天生本具的良知都被隐藏在内心最深处了，因此要修行莫远求，最好是向我们内心深处去找。

菩萨游戏人间

佛陀在世时，教法都显现在日常生活中。当时，有一位发心修行的人，看到僧团中每位出家人都很悠闲自在，心里很羡慕，因此放弃了家庭，加入僧团。

但是，出家后每天在僧团中，他感觉到人那么多，而人命短暂，如此可贵！因此，他向佛陀说："佛陀啊！我在人这么多的群体中，觉得心不能静下来。您是不是能够给我一个较好的环境来修行呢？"

佛陀说："你自己去找，找一个你觉得很适当的地方修行吧！"于是，他离开佛陀所住的地方，翻过一座山，在那里找到一个场所，然后开始禅坐修行。但是，过不了三天，他内心深感惶恐，周围连个人声都没有，所听到的仿若鬼神之声，脑海里充满幻影！

他自忖：我在僧团中无法定下心来，在这么静的地方却又起了恐慌之心。我放弃了荣华富贵来出家，这样太可惜了，我还是放弃修行，回去享福吧！

这个心念生起时，佛陀刚好来到他面前。佛陀问他："你在这么静的地方，周围没有人影，会害怕吗？"他虽然心里很怕，但是，口头上却回答说："不，我不会怕。"佛陀就说："好，我们坐下来好好谈。"

当他们坐下来时，看到远远有一只大象走过来。大象来到他们不远的一棵大树下，安详地躺下来休息。佛陀看到大象睡着了，他问比丘："你看到大象安详地睡着了吗？"

他说："世尊，我看到了。"佛陀又问："你知道它为什么走到这里，睡得这么甜、如此安详吗？"比丘说："我不知道。"佛陀说："这只大象有五百只眷属，它们日夜都围绕在它身边，大象有时真的很厌烦。所以，它暂时脱离了象群，希望能够好好休息一下。象是畜生类，连它都有这分舍闹栖静之心，可惜有很多人却不会好好珍惜宁静的环境。”

佛陀又说：“闹往往是内心在闹。有的人修行，人在闹中心清净；而有的人却是人在闹中心纷乱。修行主要就是修一个‘静’字，要坚定心志、安静我们的心态，这叫做‘发清净心，坚定修行’。”

人的生活每天看来很辛苦，不过，若是将它当做“菩萨游戏人间”，即使忙忙碌碌，却能够找到本心、利益人间、造福人群，这就是福！

卷三

放下，自我解结

有“智能”的人心胸宽大，“聪明”的人心量狭窄，凡事不要钻牛角尖，斤斤计较；天下没有不能解决的事，就看自己是否愿意自我“解结”。

不要精明到钻牛角尖

世间有成、住、坏、空，人心也有生、住、异、灭。有位年轻妇人来见我，提起先生有外遇，如今与人同居，不再回家。妇人因为自觉为先生付出甚多，却遭遇这种事，所以心中充满被先生欺骗的感觉，因而悲愤不已。

由于妇人尚须抚养两个孩子，我就劝她不要将爱局限在先生身上，应该把爱分给孩子。何况，执著小爱就会生起计较的心态，即使先生回家，也必然不会给他温柔的声色。

“可是，我都是静静的，没有说什么！”

“即使你不说话，他也会懊恼的。”我只希望妇人明白，心有怨怒，即使静默，人家也能察觉她的不高兴。

了解她的一位慈济委员补充说，她很想不开，曾有自戕的念头，甚至想和孩子同归于尽。

这种心态实在可怕，我殷切劝导她：“人生的意义，难道只为一个人吗？你要好好想一想，那个人值得你为他死吗？是否想过父母为你付出多少，而你却为先生一个人就不顾父母及孩子了？”

妇人神情黯然：“我没有考虑那么多。”我再次告诉她，自杀的罪业深重，况且孩子有其生存的权利，怎可任意剥夺。

世事要看淡点，有缘则相聚，无缘也不勉强。不要老是自以为是地对他兴师问罪：“你以为我不知道你在哪里吗？”这样就是太聪明了。有智能的人心胸宽大，聪明的人却心量狭窄：所以我们应该学习拥有智能，凡事不要精明到钻牛角尖。

我期待妇人具备温柔的妇德，也希望她要有志气。“你也可以像慈济人一样，为众人付出爱心，活得很欢喜，让他明白：‘我没有你不要紧，你要走就走吧！有别人爱你也很好啊！’总之，心结纠缠只是自找苦吃，不如放开胸怀，让他爱其所爱吧！”

爱惜尊重自己的生命，否则所造的业缘累生累世也还不尽：遇到与自己业缘纠缠的人，才一世就够辛苦了，若还要生生世世纠缠不休，真不知如何是好！

所以说，事到临界，放下一切，一切“解结”！

大象林旺的福报

持五戒得人身，修十善生天堂，天堂无佛可成，成佛在人间，所以得人身就要好好地守规矩、持五戒，照顾好自己的心，广结善缘、善解和付出，惜缘结好缘。

我曾在志工早会时提及："我们大家修行，要学正知正见，爱的方向不要偏差：每个人心中都有爱，但要爱得很正确、不偏差，才能形成一股好的力量。看看大象林旺的生日，很多人都为它祝福。在动物园里，受到如此高级的对待，真是很有福。"

但是假如它懂得这是怎么一回事的话，可能也会觉得很无奈，因为人类给它那么高级的对待，它却没有办法为人付出一些什么。所以我们修行一定要福慧双修，以免堕入畜生道，畜生道再有福，也是很无奈。我们要好好善用人身，而要保持来生来世还是人身，最重要的是要守五戒。

五戒，是得人身之因，能恪守五戒就不失人身。如果我们想超越娑婆世间，就要修十善，修十善就能生天堂；若想做一个既富有又善良的人，就要守持十善，因为十善是天人之因。五戒，则是人间之因，如果守得好，当人也不错啊！只要有这份善念，我们的爱心就能保存，就能有福，还能有智能去帮助别人，这就是修行佛法的好机会。

有句话说："天堂无佛可成。"所以，在天界享尽福报，是没有机会修学成佛的：要成佛就要在人间。所以，我们好好地守规矩，守好五戒，照顾好这颗爱心，并且广结善缘，善解和付出：能惜缘自然时时结好缘，再来人间修行就一无阻碍。如果能时时善解，心中没烦恼，那就可以俱足智能了，这样就是福慧双修。

“怨憎会”与“爱别离”

“怨憎会”与“爱别离”，是人生苦痛的来源。志工早会上，志工们报告两则夫妻间的故事，恰是这种强烈对比，令人深有所悟。

一位中年妇人的先生经年游手好闲，妇人为负起家计出外工作赚钱，但是先生很不高兴，每当太太回到家就对她拳打脚踢，最近妇人因被打得太严重而住进慈济医院，她在院内疗伤期间，表情总是充满着悲苦无奈。

另一则故事是一对八十多岁的老夫妻，两人自年轻就从来没有分开过，出门旅行也必相偕同行，情感非常浓密。此次老阿嬷因血管瘤破裂来到慈济医院，老阿公充分表露体贴的情义，很难接受万一生死分离，所以时时显露悲愁。

前面的中年妇人天天过着挨打的恐慌日子，却为了抚养孩子而不忍离开家庭，这种恶缘聚会就是所谓冤家路窄、不得不在一起的“怨憎会”之苦：至于老夫妇恩爱一生，终究必须分离，则是“爱别离”之苦。

冤家对头是过去生结的缘，所以要运用智能化解这份恶缘，千万不要钻牛角尖想不开。至于恩爱夫妻也要有心理准备，缘尽了就祝福对方快去快回，切莫过度伤悲心有挂碍。修行的人就是要学习凡事看得开，所谓“遇境随缘”，就是不执著也不强求，凡事随缘就好。

以那对恩爱的老夫妻为例，他们鹣鲽情深，也尽责任将子女抚养长大，是非常幸福的家庭，但是，这样的人生就够了吗？

这种人生虽然幸福，却太平常了，如飞鸟过虚空，无痕无迹。要知道我们能以人身来到世间，是很不容易的事，但是有多少人能够有此警觉，能够用心去探讨人生的意义、充分发挥良能去利益人群？大多数人都是只知道吃喝玩乐、计较名利、庸庸碌碌地生活而已。佛陀不断地启发我们要珍惜难得的人身，认清无常的真义，把握当下可以利益人群的因缘，好好地在世间留下深刻的足迹，这才是生命的意义。

问世间，情是何物？

有位慈济委员与先生结婚数载，原本也是幸福的家庭，但后来听信人言，怀疑先生行为不轨，三番两次与先生争吵，事后又懊恼不已，因此心情委靡不振，也造成先生的苦恼。

委员伤心哭诉心事，她说明知自己不对，却很难突破心障，每当又听说先生与别人如何如何，就会因无法忍受而再度失去理智。

我对她说："你是修行的人，应该要用清净的佛心来待人处事，对先生要有信心，不要疑心。"口舌是非无影无形，何苦对空穴来风之事心生猜疑而自我缠缚呢？人生境界百千万种，既知自己定力不够，更要自我警惕"藉境修心、藉事练心"，不要再对境生迷，成为终日胡思乱想的可怜凡夫。

感情的问题永远谈不完！如何才能超脱感情的束缚，得到解脱自在？

很多人其实不懂什么是"感情"，这种不懂"感情之实质"的情，就叫做"迷情"。佛陀与菩萨都有情，但那是"觉悟的情"，凡夫则是"迷惑的情"，因为迷惑，所以为感情而毁掉自己或他人。平常若能清楚人生方向，建立起为人付出的健康心态，则不论何种情感情境现前，心都不会被迷情纠缠不清。所以，平时就要先去了解"情"，明白私情小爱终究是虚幻不实的！

围裙和领带的暗号

在我尚未落发前，与修道法师一起流浪到台东，住在佛教莲社，修道法师在莲社讲经，我也应邀在电台讲解《阿弥陀经》，受到台东莲友们的尊重，一位王课长常招待修道法师与我到家里作客，谈话间曾听王太太提起他们夫妇俩相敬如宾的小秘密。

王先生常招待部属回家吃饭，王太太也常带莲社的朋友回家作客。有一次，王先生与太太商量，是否想个办法，能够在他带部属回家时，让他觉得很有面子：而当太太带莲友回家，他也能让太太有面子。

王太太想起搭公路局金马号班车去花莲玩时，曾听小姐说，有位先生在社会上很有地位，他的太太也颇注重外交，两人常为争面子而生气。后来，夫妻俩商量好，当先生带朋友回家，太太若家事没有做好，先生可在朋友面前对太太发脾气，太太这时就要表现柔顺乖巧的样子，让先生有面子；若太太带朋友回家，先生则帮忙做家事，让太太与朋友聊天。

王先生与王太太也决定如此做，但有时其中一人因故情绪欠佳，难以配合，夫妻俩又会冲突起来。后来两人再协商，当朋友来时，太太假如那时心情不好，就系上做家事的围裙，先生看到了就温言软语赞叹太太；若是先生情绪不佳，就将领带往身后甩，太太看到了要赶紧拿拖鞋、端茶给先生，友人见了称赞他们夫妻感情这么好，先生气消了，再将领带放回胸前。

当时常到王课长家，总是看到他们家一团和气，原来是有这样的小秘密。

自己是自己的导演

生、老、病、死、爱别离……的确是苦。苦在哪里？苦在集，集了许多的恩恩怨怨。只要打开新闻，就会看到一幕幕人间的爱恨情仇。

有位女孩在高中时认识不务正业的男友，不顾父母反对与他结婚。婚后四五年来，受到丈夫暴力相向，满身伤痕、身心受创；虽然一次次受暴，却总在丈夫哀求下心软回头。目前，女子的父亲遭丈夫打伤，她才醒悟，决心脱离遭受囚禁虐待的婚姻生活。

即使被丈夫虐待，很痛、很苦，但只要丈夫说他会改，又跟着他走了。如此来来回回、纠缠不清；因为心受业缘缠缚，打开不了情锁。

人间的爱恨情仇，很难分类也很难隔离，有仇有情、有恩有怨，让众生的烦恼无尽。欲知前世因，今生受者是，欲知来世果，今生做者是。因、缘、果、报，是宗教家不断推究之理。

人人此生都是在为自己的来生写剧本，自导自演，自作自受。所以我们要倡导人与人之间互助无求的清水之爱，接续好缘而清净无染。

病与死的启示

有一天下午，台中会员入精舍参访。慈青同学现身说法——她因怨恨弃家再娶的父亲，不惜糟蹋自己的健康作为报复，直到被同学引领至慈济医院当志工。在医院中看到快往生的阿公、阿嬷，她想到自己才二十岁，有什么权利说："我不要生命?"——病人用他的病体向她说明："你要尊重生命，不可以糟蹋……"

在投入志工服务中，她逐渐解开心结，当众忏悔："上人告诉我三件事：一、放下怨；二、放下恨；三、做到'普天三无'。以前我一直羞于对家人表达感情，现在我会向妈妈撒娇，时时告诉妈妈，我很爱她！现在，因为我的改变，我的家庭开始有了好的气氛……"

现代人生活富裕，知识、学识很高，相对的，一般人的比较心也变得非常强烈。一个人如果没有感恩心，就永不满足。

医院里生老病死苦的示现，无异是一部活生生的人生历程史。从中可看到，父母是如何以喜悦的心，迎接新生命的诞生；如何任劳任怨的照顾，呵护儿女成长。可是有多少人，能在父母年老缠绵病榻之际，以当年父母疼爱子女的心，回报他们于万一呢?

在医院的大环境中，种种形态无形地教育着志工——真正美好的人生是去帮助别人，助人之后，也要反观自照内心的法喜泉源，从而开启心中的良知、良能，如此才能有正确的人生观。

温柔唤醒迷途人

长年在医院服务的志工颜惠美，向大家报告数年前母亲过世时，适值年底，年初一有很多病患需要关怀，心中抉择到底应该留在家里守丧，还是到医院服务病人？她想一想还是觉得病人比较重要，所以决定回医院，然而情绪仍然很低落、不开朗。

当她下车时，前脚刚踏上月台，一位先生就在她肩上拍一拍说："小姐，什么事情都过去了，现在新的一年来了，振作一点。"这一句话使她恍然大悟，重新提振精神，以往日开朗的心，再次面对病患。后来她也说："我们不要忽视任何一个关怀，一个动作，一句话。在我心情最低落时，他适时给我的那几句话，让我很受用，所以很感谢那位先生。"

对每一个人的声音、动作，我们都要重视、尊重，哪怕轻轻的一句话、一个动作，都有可能唤醒在迷途挣扎的人。志工就是要如此，不论在医院的任何角落，看到病人或家属，都要以温柔的形态，抚慰他们的心，患者能安心，身体就容易康复。

身病心健康

佛住世时，舍利弗及目犍连于僧团就好像佛陀的左右手，但他们比佛陀先入灭，令佛陀非常难过。

即使是佛陀，也得承担种种痛心之事！虽然娑婆是苦，但是福慧从苦难中成长，在苦难中才有佛法可修、菩萨道可行。我们要把苦难化为力量，转烦恼为菩提。

有一次到慈济医院探慰病患，委员慈清伉俪也到慈济部来看我。

慈清因颈部肿瘤切片检查，报告显示罹患鼻咽癌，夫妻难掩沉重的心情，但是我告诉她："现在正是你修行的关键！但看你用什么心态来面对人生。你自己应该清楚知道，至少在此之前，你的生命力丝毫都不曾浪费。现在病了，就要抛开烦恼痛苦，把身体交给医师，心则交给佛菩萨。"

我总是慰勉罹患癌症的人，要做到两点：第一，要自我祝福，不要把自己当成病人；第二，要发大愿，专心做事。如此，就能不为疾病所苦，仍旧发挥人身功能。

那时慈清就说："上人，我知道！我会乐观起来，请上人放心！"

果然，一直到往生她都抱持着乐观精进的心态，把握生命付出。生命有限，慧命无涯！相信这份慧命会一直延续到来生。

不要问“为何是我?”

佛陀住世时，也曾经遇到人事障碍或身体病痛，但他明白“如是因，如是果”的道理，所以能坦然接受。

然而，凡夫不明白因缘果报的道理，遇到顺境往往得意忘形；遇到挫折便生起“为何是我?”的疑惑，这也是圣人与凡夫的差别。

娑婆世间，我们面对的芸芸众生多是凡夫，要学习佛陀的本怀与觉知，认清、明了因果循环；如此不论遇到任何事，都能以知足、包容、善解、感恩的欢喜心处之，而所回报给我们的，也自会是欢喜的果。

珍惜“因”与“缘”，才能为自己带来好果、好报。

误解与善解

志工早会时，一位台北医学院药学系的同学表示，他在加护病房中，丝毫不见护士对严重病患表现出哀戚之色，令他深感不解。

我就说，在加护病房里，心情要尽量放轻松，以慈悲存心，把快乐带进去，用智能发挥良能，这样才能让患者感受到生机，带给患者良好的医疗环境。你们是未来的准医师、大医王，要抱着真心去看病人；爱的付出就是最简单、最好的良药。

慈济人在慈善工作的推展中，难免遭遇到挫折与误解，但我们以锲而不舍的菩萨精神，不舍一切众生，佛心，就是把每一个众生当作自己的孩子；孩子不听话犯了错，我们还是抱着无限的期待，以“善解”来宽谅他。我们不只要包容给予我们考验的人，还要感恩他，感恩他磨练出我们的佛性；我们堪得起磨练，这才是修行的成功。

每个人的人生就像是一出戏，我们来到人间受业力的导演演出这出戏。凡夫常会随业力所转，这就是“众生”。其实每个人都有与佛同等的智能，我们以宇宙人生为学堂，把每个人的人生经历当成学习的课本，要“用眼睛听，用耳朵看”，仔细观察，体会人生课题，才能编导好自我的人生脚本。

殴妻者的忏悔录

几年前，慈济医院心莲病房曾举办一场别开生面的婚礼——结婚三十三年却虐妻二十六年的丘文吉，于生命即将结束前，与妻子王秀美在众人祝福下再次结婚。

丘文吉三十多年前染上赌博和酗酒，动辄殴打妻子出气，甚至将她打得肋骨断了好几根住进医院；但她考量孩子需要照顾，仍含悲忍痛留下来。直到丘文吉参与慈济环保工作，终于由迷转悟，开始善待妻子。

后来丘文吉罹患末期肝癌，由妻子陪同住进心莲病房。为安慰丘文吉对妻子的满心愧疚，志工提议举办婚礼，完成他最后的心愿。

我不禁想到：菩萨里也有“夜叉”修成的。“迷”的人生与“悟”的人生真有天壤之别。

人迷失的时候，什么残酷的事都做得出来。以前他把太太当成垃圾，常常用扁担打到她吐血，甚至殴打她后出海捕鱼，觉得气还没消，又跳下船回来继续打。踏入慈济后，他总算领悟太太的珍贵；为了抑制暴躁的个性，他刻意称呼太太为“阿嬷”，以孝敬长辈的心态，无微不至地照顾太太。

同样一个人，迷失的人生与觉悟的人生，差别多么大啊！虽然世间没有不凋谢的花，也没有永生不死的生命，不过我们可以活得有价值、有意义，过一个有尊严的人生。这份尊严不在于财富、地位、学历或才华，而在于真诚地爱人与被爱。

最近社会上常有杀父、杀母或兄弟相残的家庭悲剧，令人不胜欷歉。大至家庭悲剧或暴力伤害事件，小至人与人之间的纠纷冲突，问题都出在心态不平衡，我们能不好好调适自己的心吗？生命总会有终点，但我们可以选择一个被尊重或被唾弃的人生。只要时刻保持正念、诚恳为人着想，自然处处得人疼，人生可爱又庄严。

以精进对治无常

人生无常。在慈济医院中常能听到不同的个案。有一回，志工报告有位中年人吃饭时突然中风趴在桌上，住院三个月仍无法恢复肢体功能。还有一人出外散步时跌入坑洞，造成全身瘫痪。人失去身体的功能，不一定都是老年自然现象，有时实在出人意料，这就是无常。

面对无常的境界，我们一定要警惕自己精进不懈——所谓精进，是藉境修心，使自己的心远离计较与比较。

生离死别是逃不过的关卡，既然逃不过，与其眷恋难舍不如坦然面对。其实“生是死的起点，死是生的开始”，如何把握当下，才是面对无常的大课题。

爱不得苦

男女感情往往千头万绪、纠结复杂。有位年轻男子来向我诉说，妻子与他离婚后再嫁，离婚之事已让人无奈，更难堪的是妻子再嫁之人竟是自己的兄长！因此心情落寞，十分沮丧。

我对他说，心不要绕在一个“爱不得”的人身上，既然是爱不得，就是“不得爱”，所以不要让心纠缠在爱恨之中，不必管她再嫁何人，彼此已不相干。倒是孩子的教养问题必须谨慎关照，对前妻则要做到忍而无忍的地步。

既然已经离婚，就不要想得太复杂。自己的形象照顾好，作为子女的榜样，也不要向子女提起妈妈的不是，使得子女心中怀恨；尽量以好话来教导子女，自己也要过着正常生活，才不会自暴自弃让人看不起。

至于兄长那方面，也应该宽厚为怀，莫坏了手足间的情分。总之，不要埋怨也不必哀伤，要提起男人的志气，在人生路上好好走下去！

焦急的父亲

有一次志工早会前，接获一通越洋电话，电话那端是一位焦急的父亲。他很焦虑地说女儿不知道为什么突然间变了，变得好像是凶猛的野兽，让人看了害怕，而且好像控制不了自己，会说一些莫名其妙的话。这位爸爸心碎地问我："师父，我该怎么办？我的女儿是不是中邪了？"

不安与着急让这位爸爸的精神几近崩溃，接着又说："我们一家人的希望都在孩子身上，怕儿女学业压力重，为他们移居到国外，希望他们在宽阔的新天地生活幸福、身心健康。我们辛苦地打拼，一切都是为了孩子，没想到发生这种事……"

我问他女儿以前怎么样？他说："本来很乖、很贴心，后来可能是感情上有一些打击吧！"

我建议他带女儿去看医师，等女儿情绪稳定下来后，再慢慢辅导。他说："这一两年来，已想尽办法辅导，怕她在人生路上跌倒，但是如何扶她都扶不起来。不成熟的感情总是很脆弱，女儿沉迷在感情中，学业一直下滑，她自己也受不了课业的倒退，双重打击就变成现在这样。"

接了这通电话很感伤，现在的年轻人很少能体会父母的爱。父母费尽心力爱孩子、关怀孩子，只盼望孩子顺利成长、成家立业；但是对孩子来说，这份感情、恩情、亲情，往往不及爱情的对象。

人生谈感情的时候很长，能孝顺父母的时间却不多，我们更应该把握。如何让自己的心没有后悔、没有遗憾？那就是有两件事不能等：一是行善，一是孝顺！希望每一个人都懂得父母心，把自己的心照顾好，别让父母担心。

把握黄金岁月

任何人都无法掌握自己生命的长短，不过都有责任好好地选择人生的方向。求学时代最重要的是把握时间用功读书，如果迷失于感情，错过了学习、成长的黄金岁月，对自己是非常大的损失。

有位孩子病得很严重住进慈济医院，父亲一直没来探望。母亲打手机给先生，先生接到电话，不但不关心孩子的病情，还说："你问我现在在哪里？我跟一个女人在一起！你不信的话，我让她跟你说话。"那个女人接过电话，开口就说："你先生我要了！"先生如此无情无义，这位太太心都碎了。

她与先生是在大学时代认识，产生恋情后，感情遮盖了理智，把他的缺点看成"缺陷美"，没有客观地考虑他的人品是否适合相伴一生？当时两人卿卿我我、海誓山盟，如今却变成这样！

所以我常说年轻人不是不能谈恋爱，而是眼光要长远，莫沉溺于一时的热情，"我爱你"这句话不要随意说出口。学生时代还是课业最要紧，把时间浪费在不成熟的爱情上，对未来人生的发展影响很大。大家何不以清净的友情，相互勉励、增进学业、成长品格，这样不是很好吗？等到相处久了，对彼此的个性都有客观的了解，自然能找到真正的知音作为一生的伴侣。

把握时间充实品德、学识，为未来的人生奠定稳固的基础，才是最重要的事。

一念莫差

一个中学生为抢钱而杀了人，当他被捕之后既后悔又惊慌，一直喃喃自语："很抱歉……很对不起……我一定会赔罪……"这孩子丧失理智闯了大祸，往后的岁月将是度日如年、苦不堪言，在心灵上可说是活生生堕入地狱。坏事实在做不得啊！

人生最大的惩罚，就是后悔。一念之差做错事，造成难以弥补的遗憾，终生都会被自责、懊悔的阴霾笼罩。不仅要面对法律的制裁，心灵的制裁更是如影随形，不论到哪里都无法安心生活。

老奶奶的笑声

有一次早会中，志工颜惠美提到慈济医院心莲病房有位老奶奶坚强又豁达，使其他原本抑郁不乐的病人，也打开心结勇于面对人生的终点。

受老奶奶影响的其中一位病人是三十几岁的年轻人，过去拼命赚钱养家，但是太太玩六合彩将他辛苦赚来的积蓄赌光，且抛下三个小孩离家出走。年轻人只好自己负起抚育孩子的责任，没想到又得了癌症，放心不下孩子加上时日不多，令他甚为烦忧。

还有位出家人在佛学院研究佛法多年，尚未实现弘法的心愿即罹患癌症，也感到难以释怀。

某日，志工为心莲病房的患者举行联谊会，年轻人、出家人虽也出席，但满脸苦闷。得了脑瘤、半身不遂的老奶奶带着开朗的笑声来了，说道："死有什么好怕的！每个人总要走这一遭。既然要死，我要笑着离开世间。"并告诉大家："人生路难免崎岖不平，不过我都用笑声把它抚平了！"

年轻人与出家人均被老奶奶的豁达心胸感动，年轻人不再哀怨，为三个小孩作好安排，安然离开人世。出家人也打开心门，和病人分享佛法，并决定往生后捐赠遗体供医学研究。

生死是很自然的现象，担心害怕反而增添痛苦。老奶奶虽然不是修行人，却能看开生死，即使长了脑瘤还是活得很快乐，也把快乐带给周围的人，让不甘于英年早逝的年轻人与心愿未成的出家人打开心结，勇于面对死亡。

捐赠器官的杀人者

生命的可贵，在于发挥效用：若能发挥效用，则不论生命是长是短，发挥一次助人的效用就有一次的价值；能时时运用生命利益人群，就拥有全程的价值。

有一年，一位犯案的军人被枪决后捐出身体器官，嘉惠了多位受赠者。虽然他有这项爱心行为，但是生前所做的错事实在令人难以原谅。可想而知，当他在刑场枪决后，收尸的场面如何？至亲的父母能去见他最后一面吗？在未来可能会有一场风光的告别仪式？

同样是生命，生命的价值在哪里？若人人认清生命的价值观，做人光明正大，努力利益人群，则不仅使父母以子为荣，能在他人面前抬头挺胸，自己也无愧于天地之间。当今伦理道德没落，导致社会脱序；人人谨守本分、确立人生价值观，才是正本清源之道。

人生戏一场

有一次甫抵达台北分会，即有位年轻妇女来见我。她在震灾中失去先生及孩子，苦不堪言，有所谓“通灵者”给了她指引并索取高价费用。经亲友点醒，她才觉悟被骗，但心结仍是纠结难解。

我告诉她已经是过去的事了，不要再放在心里；假如你的心一直挂碍着，就会到处“胡乱问”，而听到“胡乱说”的话。

亡者已矣，还在世的人该如何面对人生才是最重要的。不要再花冤枉钱，要正信，若能因先生的死改变人生观，积极行善助人，这也是先生的功德。

妇人又问骨灰坛等复杂的善后事宜，这些事都已对亡者一无影响，我也劝她不要执著于此。

人生如一场舞台剧，大家还没上台时，彼此没有关联，上台之后，才会同台演出某种关系；对方的戏演完下台，你虽然还在台上，彼此的关系一样是结束了，谁也不必再牵挂谁。

人生总是来来去去，不要一直钻在牛角尖里。要看淡自己的生死，也看开别人的生死；生死自然，潇洒来去。

爱人才能得人爱

某次与北区干部座谈时提到，泰北接受慈济照顾的老人，一听到台湾发生大地震，不但哭了，而且一再表示，他们已经老了无法帮上什么忙，只能捐些钱；于是踩着蹒跚的步伐，用颤抖的手，捐出他们省吃俭用存下的钱，只为了表达他们的心意。看了真的很感动，也很心疼！

当时去湖北、安徽勘灾的人刚好回来了，他们带来两本签名簿和两包钱：一包是当地领导和前去会勘灾情的慈济人捐的，另一包装满一角、两角的零钱，是慈济在安徽援建学校的学生们捐的，总共有三千多元人民币。这些钱币虽然有些破旧，但包含了最真诚的爱心。

整个世界是一个生命共同体，我们爱别人，别人也关心我们，被救是不得已的，能去救人的人才是最有福的！

如何看待情缘

某次，加拿大分会负责人何国庆伉俪陪同一位音乐家来访，这位先生一年多前与妻子分手了，心中仍未完全平复。

“这一切都是因缘!”

这位先生微笑说：“有得就有失，刚失去的时候觉得很痛苦，现在反而感觉得到的更多。音乐人本来就喜好独处，失去了家人的关爱，精力可以百分之百投注在工作上。”

缘来时推不了，缘散时留不住，一切随缘。付出真情是本分，原谅别人是美德。世间没有绝对的公平，强求公平就会争得你死我活，得不偿失。

这位先生心有所感地表示，占优势时不会有明显感觉，但受委屈时特别觉得不公平。

我告诉他，因为彼此各有立场，站在自己的立场去衡量，总会觉得是别人对自己不公平；或对方不了解自己时，也会觉得他对自己不公平，这样就会发生冲突：人与人之间一定要相互包容、善解，才能和平相处。

这位先生点点头，想想自己也不完美，何必光要求别人而烦恼丛生。

不净情缘苦无边

一对夫妻来看我，妻子流泪陈述，先生有了外遇，对方是有夫之妇，两个家庭都痛苦。

先生经过相询，总是重复回答着，知道做错了事，为自己没有定性感到忏悔，也舍不得与妻子生下的可爱稚儿，所以感到非常无奈。

我婉转地相劝，人生要负起责任，太太的责任是把家里照顾好，使先生在外无后顾之忧，先生则要给予家人稳定的家庭，夫妻同心才有美好的人生。一时错误要赶快回头，难道与太太数十年的感情，比不上才认识的人吗？

贪欲是使自己身败名裂的源头，有错要赶快改。人顺着道理做事才能被人尊重，否则执著一时之欲，为这种不净缘失去了正常的家庭生活，让兄弟朋友看不起、让父母伤心、让孩子痛苦，这样的人生有何意义？

下决心切断这份缘，成全对方身为人妇的贞洁，才是真正为她着想。若没有下决心，情缘牵扯不断，不只这一世受苦而已，将来因果还要自己负责。

情爱休止符

有位志工，因妻子意外往生，为情所困颇有一段时日了。有情众生难免都会“为情所苦”，但应该明白，自己在今生的一场戏，是过去生所写的剧本，如今太太的剧本演完下了台，人生画上休止符，自己还有未竟的剧本，应该提起精神继续往前走。

我对他说：“世间不是只有你和她两个人而已，还有许多与我们有缘的众生，共同生活在这地球上。除了生死要看开，‘缘’也要看开。要说情，就说长情；要说爱，就说大爱；要说缘，就说大缘。不要纠缠在小小的情缘中，只在意自己私欲所系的特殊对象；应放开心胸，拉长情、扩大爱于世间。”

生死是自然法则，世间人同样是经由母亲怀孕生产的方式诞“生”；只是离开世间或早或晚，以及离开的方式不同罢了！要透彻这层道理，不要执著、自我困扰。

蕙质兰心好太太

知足、知福的人，心地自然清凉。心无烦恼，随缘自在，才是真正有福之人。

有一位二十四岁的年轻太太，在她十四岁时，有位弱智的男生抱着一大束玫瑰花，跪在她家门口不起来，她觉得疑惑，出来问他到底要做什么？没想到这位弱智的男生就跪着把花送给她，很诚恳地说：“求求你当我的老婆好不好？”女孩被这憨直的诚意所感动，就接受了玫瑰，说：“好嘛！就当你的老婆。”

两个年轻人的父亲是好朋友，既然孩子彼此有意，就成全了他们。

女孩未入夫家时，婆婆就中风卧床了，她很有志气，嫁过去后勇于承担家庭责任，将婆婆照顾得很好，婆婆十多年来从未有过褥疮。后来，公公年纪大了，慢慢有了痴呆症，她还是善尽媳妇的本分，将公公照顾得很周全。她与先生育有三个小孩，一家很和睦。志工问她生活还过得去吗？她回答：“只要我的家人都会笑，虽然贫穷一点，没米可吃，喝水也会甜。”

志工看她家境虽然不是很好，一家包括公婆全住在狭小的房子里，但全家人脸上都是笑容，所以觉得她很了不起，能把全家照顾得这么好，而且心态非常乐观，毫无怨言。

当我听到这个个案，非常震撼，这位年轻太太真正有一颗修行的心啊！知足者，心常乐，人若知足，睡在地板也如身处天堂；如果心不知足，即使住在天堂也是烦恼不堪。如果世上的人们都有知足的心，人与人之间还有什么好计较的，家庭、社会还会不幸福吗？

修行，就是学知足。有些人整天到寺庙求佛保佑孩子会读书、先生会赚钱。其实，先生会赚钱，当太太的是否就很幸福？如果先生常常在外应酬不归，太太心里就不舒服。反观那位年轻太太，先生弱智、家境不好、公婆有病、孩子年幼，但是她很快乐，全家人也经常欢笑，这真是很幸福的家庭！

所以说，求佛不如求自己，把自己的心照顾好，安处于能力所及，发挥自己的良能。能知足、安分守己、平心静气，就是最幸福的人生。

卷四

大舍与不舍的抉择

要学会“看得开，放得下”。能在大舍与不舍之间作出智能的决定，就是有智能的人生！

尽心尽力大功德

北区教师联谊会曾发起“竹筒岁月”献储蓄罐活动，数百位小朋友拿着各种造型的储蓄罐，将平时存的零用钱捐出来，帮助苦难的人。感于小朋友诚挚的爱心，我在夜晚的慈济人联谊会上表示：尽心尽力，就是最大的功德！

佛陀在世时，有回出外托钵，想要募款启建精舍。有两个小孩在路上堆沙玩，他们看到佛陀端着钵走来，生起天真的恭敬心，跪着抓起脚边的沙土，放在佛陀的钵中。佛陀也很感恩地接受小孩的布施，并回头对跟在后面的弟子说，这些沙可以与其他沙土搅拌，合盖一幢精舍供出家人修行，这份布施的功德很大！

所以说，布施不在多少，重要的是必须发自诚恳的爱心，这样的布施才有意义。

坏人不能多一个

有一次行车南下到新竹，前往新竹少年监狱，和一群年轻人谈“做人的道理”。这是应“社会再生文教基金会”邀请，第一次赴狱所讲话。

我说众生皆有佛性！人人本性清净，只是在后天环境熏染下产生偏差的习气。有谁能够从不犯错？人不怕犯错，只怕不改过。我举一位小男孩为例：

有一天放学途中，小男孩原本要进电动玩具店玩个痛快，但想到老师在课堂上教的《静思语》“做好事不能少我一人，做坏事不能多我一人”，立即将跨进店门的脚抽回来，一口气跑回家。

心念偏差会造成罪恶，但只要观念转变，心也可以造福、救人。大家如能自我调整人生方向，走上利益人群的菩萨道，光明的境界便会现前。如果大家以智能来面对日常生活，天下就没有做不到的事。

一念之间无死所

佛陀的教育不离基本的待人处事之理，所以修行不是泛谈玄奇高论，而是重视自己日常生活里的起心动念、言行举止。

慈济医院志工曾转述一个个案，有位老太太的婚姻很坎坷，年轻时先生虽然很爱她，但没有把心照顾好，对女色无法自制，常带着满身酒味回家，为此，她经常伤心哭泣。有一回先生看她哭得非常悲伤，觉得心疼，就发誓："我以后如果再这样就死在外面！"

不过他还是没办法克制自己的行为，看到太太又哭了，他再度发誓："我以后绝对不再犯，否则就会被大树压死！"可是他仍然犯错，又发誓："我如果再这样，坐流笼会摔死！"因为他在山上林班工作，常坐流笼上山，所以发这种誓。

有一天他坐流笼上山时，绳子断了，流笼掉下来，他抱住一棵树，没想到树干折断，把他压死了，正如他的誓言！

这就是没有把心照顾好，所以身造恶业，口出恶言，难逃恶报。每个人都在世间舞台扮演各种角色，例如父母、子女、夫妻等等，如果不守本分，没有把人生的角色扮演好，往往苦不堪言。

个人把心净化，人生才能平安；人人把心净化，社会才能祥和。想要净化心灵，首先必须发挥大爱，以慈悲心对治种种贪欲。我们要以身作则带动更多人发挥良能为苦难众生服务，大家一起走上清净光明的菩萨道。

大舍与不舍的抉择

雨声更添寒意。午后知客室的圆桌，一对夫妻谈起正值花样年华的女儿，因脑干肿瘤病情恶化快速，此刻正在花莲慈济医院加护病房，随时可能告别人间。

心疼女儿承受之病苦，母亲擦拭着不舍的泪滴，说女儿曾向志工颜惠美表达器官捐赠的意愿。我赞许女孩的勇敢，也同时安慰这位伤心的母亲："孩子与我们的缘就是如此啊！此刻要尽人事、听天命。令人放心的是，孩子意识仍清楚，且心中无惧怕，愿意捐出器官的这念心相当洒脱。"

修行就是在学"看得开，放得下"。倘若孩子此生的业、缘皆尽，做父母的难舍亦要能舍；应当成就孩子的这份心，让她的器官在别人身上延续，给予他人重生的机会。而救一个人就是救一个家庭，让她的精神活在更多人的身上，发挥生命最大的意义。

在生死挣扎之际，她能平静、清楚地表达器官捐赠的意愿，这是发大心，也是报父母恩——因为每个人的身体皆来自父精母血，母亲怀胎十月生下她，父母以爱陪伴她成长，让她拥有这份纯净、善良的心灵，愿意在生命走到终点时，让健康的器官在别人身上延续，挽救他人的生命乃至家庭的希望。

一个人的智能，取决于人生宽度的拓展，而非以生命的长度来衡量。这对父母在不舍中，作出了智能的决定，成就孩子捐赠器官的心愿，这就是有智能的人生！

清楚下一步

早会中，一位医院志工分享，她在病房照料十一位罹患老人失智症的阿嬷，其中阿嬷吃饱后突然问："我吃饱了，要做什么?"

人能清楚自己下一步要做什么，是很有福的，应该要感恩。普天下天灾人祸频繁，许多人需要帮忙，我们不怕事情多，只怕投入的力量不够。希望每个人都能踏稳脚步，跟上菩萨队伍。

每一步踩踏紧实，又清楚自己的下一步，那就是心念的清澈。

轻轻踏，稳稳做

南亚大海啸过后，印尼慈济志工积极付出行动，让政府与民间深受感动、也被带动。我叮嘱众人步要稳，脚要轻。轻轻踏，就不会撞到人家的心；稳稳做，就不会脱离浩荡长的队伍。

大树是从毫芒而起，一粒种子含藏菩提林。每一个人都不要轻忽自己的起心动念，要照顾好每一念心，诚正信实、以身作则。如此后人自然跟随前人脚步，而能心心相扣。

福从做中得欢喜，慧从善解得自在。付出不要执著帮助别人多少，只要看到他人得救，自己做得欢喜又轻安，即得福慧双修、法喜充满。

自己的福田自己耕

以前曾有一位住在三重的委员问道，她有位会员住在北投，为了收那二十元的功德款，她每个月要花五十元车资到北投，是否能将车钱以会员名义代为捐款就好？

我对她说："为了收功德款花五十元车资，是你做济贫教富工作所发的菩提心；而会员捐二十元，是她自己的发心，两者意义不同，不能混为一谈。而且，最重要的不是那二十元，而是在会员那份心意。"

所以说，小钱我不敢轻视，因为慈济是要净化人心，希望启发大家的爱心，人人尽自己力量去关怀众生。

大钱则不很在意。当初建设慈济医院之初，一位日本人愿意捐款两亿美元，但我认为"自己的田地，要自己来耕耘"，希望台湾人自立自强，所以婉谢那位日本人的好意，建院款项完全由台湾民众集资，既启发无数人的爱心，也充分落实救助病人的理想。

慈济是菩萨训练场，付出的人要有"三轮体空"的观念——不执著于"我是救人的人"、"他是被我救的人"、"我付出了多少东西"。若要求布施多少钱就要得到多少赞叹，还有什么功德可言？有所求就会受限，唯有真诚付出无所求，才有无量无尽的功德。

告别游乐人生

人生最宝贵的莫过于生命，一个人若没有了生命，一切空谈。所以说人生最有价值的，就是健康的身体，比健康更有价值的，则是人生的方向。

有一次，王松居士发自内心忏悔，勇敢面对大众现身说法，以前的他赌博、喝酒、吃槟榔、打架等坏习惯样样来，甚至熬夜赌博、吃喝玩乐到通宵，如此，健康状况当然愈来愈糟，年纪轻轻就罹患肝硬化。

这些不良的习气都是源自一个“贪”字。贪，让人误入歧途。不过人生不怕犯错，怕的是不肯改过。

那段时间，他不断地发愿要一心一意做慈济，每每看到他挺着一个大肚子，在烈日、风雨中执勤，我都心疼得要他休息。但他告诉我：“师父，是我拜托大家让我做的，我一定要把握机会做！”

有句话说：“大坏人如果能转变，一定成为大好人。”他把以前心心念念要赌博的心，化为心心念念做慈济的志气；把对赌博的执著，转为做慈济的择善精进，于是更能坚持到底。

就在他日日发好心、日日做好事当中，有人因发生意外捐出肝脏给他，我虔诚地祝福他进行移植后，能拥有全新的人生。

后来听说他换肝的第二天，就可以自己下床如厕了，医师和护士都觉得不可思议。但这就是他的意志力啊！有毅力，心气才会旺盛，自然可以克服一切病苦，所以说人生一定要有那份志气、毅力。

立“信”

多年前，知名作家无名氏先生来访，提及现今社会混乱，并问原因为何？我响应是“缺爱症”使然，为什么乱？就是缺爱。缺了爱，所以人与人之间无法互信，你不相信我、我不相信你。

如何建立“信”？要回归“诚”与“正”；有诚有正，才能脚踏实地，让人生出信心。内修“诚正信实”、外行“慈悲喜舍”，调伏自心不紊乱，就能获得人人的信任。

期待社会大众要能是非分明，对的事，做就对了，不做不该做的事；在是非分明的前提下，才能建立“信”。

虚无的抽烟者

台中教联会成员卢春安老师的孩子升杰，是慈济的中生代，他在志工时间和大家分享读《静思语》“用智能探讨人生意义，用毅力安排人生时间”的心得。

不久前，他一直探讨自己存在的意义，苦思良久，才发现——“没有意义”。可是再观察了一段时间之后，又有另一层的体悟——“我是为了‘责任’而存在”。他说：“我到医院当志工时，看到鱼池旁有一位病患在抽烟，和他聊了一下，我问：‘你为何要抽烟?’病患答：‘没有办法啊！想抽就抽了！但尽量抽公卖局的。’‘为何抽公卖局的?’‘公卖局制造的比较淡。’‘为何抽比较淡的?’‘可以活更长。’‘活更长又怎么样?’‘可以抽更多的烟。’——我想，这样的人生，意义究竟在哪里呢?”

至于“用毅力安排人生时间”，他认为：“上人在很久以前，如果只是‘想’要创办慈济功德会，或许就不能创造出如今的慈济世界。”

有思想更要有毅力实践，如果思想智能丰足，但欠缺毅力，就会转智能为聪明，成为世智辩聪，那就麻烦了！

菩萨也是人

有一位志工曾在其他医院当义工，但一直觉得无法圆满诠释“义工”的角色。来到慈济后，用心探讨慈济的力量泉源，发现慈济人的特点是“力行”，是聚沙成塔的爱心汇聚，薪火相传的投入菩萨道。

他也曾经涉猎各种宗教，一直无法接受“神”的说法，因而对宗教产生疑惑，直到听我说“菩萨也是人”，才解开心中的结。

宗教，即人生的“宗”旨，生活的“教”育。凡夫执著于个人的范围，放大自己，凡事以“我”为中心，找不到人生的意义，因而产生迷茫、斗争，造成社会混乱的情形。

放大“我”的范围，人生的宗旨才能明朗，才会去接受教育，学习付出，这就是“修养自己”去“帮助别人”。

我们是将佛、菩萨圣化，而非神化。凡夫因为无明愚痴的障碍，所以明知要做好事，却把握不住自己，欠缺毅力和智能。但佛、菩萨就不一样，能明确地抓稳人生宗旨，通过各种方法为社会付出、救度众生，即使遭遇再苦的境遇，宗旨仍然不变，这就是佛菩萨有别于凡人的智能。

慈济抗疫力

有位传播界人士，有心报导慈济人力行济贫教富的事迹，特地搭乘慈济列车来到精舍，他拿出节目企划稿，并说出他的想法："现在大部分的人都只说不做，而慈济真正在为社会做事，但是仍有许多人不知道、不了解；我希望能为慈济制作一系列的节目，并将慈济所做的事，分成不同的单元播放。"

事实上，慈济只是秉持诚正信实的原则，把握分秒做该做的本分事。一趟亲身的慈济之旅，他不仅接触到真诚、亲切的慈济人，也在那次的发放活动中，见到慈济人关怀照顾的一面……这些让他益发觉得慈济世界的美，必须把它拍摄出来让大家知道。

他说："慈济就像个没有免疫力的小孩，任人再怎样刺激，都不辩白。我制作节目，并不是想要向外界说什么，只是为慈济实际所做的事做印证。"

我笑着回答："我想你应该说：慈济是个'抵抗力很强的孩子'，不论别人如何地对待，他都能包容。"感谢他对慈济的这份心——正是因为大家的这份关怀，共同成就了慈济志业。

不同方式的拥抱苍生

花莲海星中学萧修女等人，陪同一位新西兰籍神父来到精舍。

神父在奥地利时曾经读过英文版的《静思语》，他说："拜读过《静思语》，令我非常感动。其中对人性的看法非常深刻，可引发人的善心去做好事。"

我回答："爱心每个人都有，只在观念的开启。"

神父："每个人都想做好事，但需要有人指引。"

我说："因此需要有'宗教'。诚如您远道而来台湾，乃是为了弘扬'博爱'的精神。"

神父："您的信仰和我们的信仰很相似，都喜欢去帮助别人。"

我回答："是的，您们是为'博爱'而舍俗家；我则是为'慈悲'而舍俗家。"

神父："您能盖医院，这是件多么不可能的事。"

我说："世间有许多看似不可能的事，但只要有心，任何事都可能做到。"

神父："修女们一生做了很多好事，但是我鼓励她们还要做更多。"

我又说："天主教对台湾奉献良多，有许多来自各国的修女，她们将终身奉献给台湾人民，这份精神和心念，是我们不断在学习的……"

神父："圣母是神圣的代表，我拜读您的书时，发现您也具有同样的精神。"

我响应："圣母就如佛教中的观世音菩萨，她的爱是'拥抱苍生'，所以，我对圣母和观音，都是同样的敬仰。"

宗教的信仰虽不同，但度化众生，以及对苍生的爱是相同的。

建好心的道场

有一回，台南地区十一位慈诚队，参与全省慈诚干部会议后留宿精舍，表达当地慈济人共修心切，希望能请精舍的出家人前往带领。

我对他们说，修行首重做人的根本，从学做人开始，不要执著于文字相，或是流于只重外在仪式，忽略了力行与实践的精神。我希望你们先建立好“心的道场”，好好珍惜、妥善运用当地难得的共修、聚会所。

我希望佛教精神能回归到佛陀的正法时代，也就是回归人性良善的本质，使人从中学习消除烦恼，打破人我是非，建立正知、正见的信念。

一般人尚未修行之前，所执著的是功利；而开始修行之初，所执著的又是功德。因此尚未修行之前是迷于生死，修行之初则执著于生死。我希望大家把生死视为自然，把握当下，发挥人生的使用权。

想吃“白米饭”

有一位年轻人在酒吧喝酒闹事，被人砍杀好多刀，住进慈济医院后已开刀二十九次，有人问他若能吃东西，最想吃什么？

“白米饭！”年轻人如此回答。

这位年轻人渴望吃白米饭却无法进食，而我们三餐吃白米饭，可曾珍惜地吃？要知道粒粒白米皆是农夫费尽体力、精神培育而成，我们怎能不以感恩心来珍惜米粮？

原本应是活力充沛的青春岁月，却因喝酒闹事而白白糟蹋了。发生这样遗憾的事，不但年轻人自己饱受折磨，他的父母因为爱孩子而痛苦万分，那份心痛就像利刃刺在心坎上啊！

要爱惜自己，照顾好身心，不要有抽烟、喝酒等坏习惯，而且要孝顺父母，怀着感恩心在社会上做个有用的人，这样的人生才有价值。

“心”最可靠

九·二一大地震，台湾这个百年浩劫其实有迹可寻，从佛法来说，现在是“浊世法末”时期，整个社会次序混乱，人心不净；虽然有爱心的人不少，却也有很多消福的人过着醉生梦死的生活。在这场震灾中，很多人因此有所觉悟，对人生无常有比较贴切的感受。

任何人都想不到，平平安安去睡，怎会突然被地震吓醒、措手不及！我们想着明天要做什么，不一定能够照计划完成，因为世间无常，随时可能发生意外。

如埔里的九九峰，那曾是一片青绿茂盛的山林，看来好像很雄壮、稳定，怎知山河大地变化之快，才几十秒的时间，就面目全非！我不断注视这座山，觉得真不可思议，为何山河说变就变？所以我们不要想着山大好靠山、海阔好靠海，山海大地都不可靠，能够依靠的只有“心”。万法唯心造，想要救世，必定要从心救起。

九·二一真的是天地旋转，变动无常！大家可说是历劫余生，如今再忆从前，好似一场噩梦。但这场灾难说不定是人生的转机，如果每个人由此警惕，去除凡夫心、增长清净的慧命，就是真正的“脱胎换骨”！

发挥使用权的盲胞

有一次，我在台北接到本会打来的电话：有一位住高雄的盲胞，带着几位盲胞和他们的子女，专程来到本会。这位盲胞开出六七张支票总共一千多万元，捐给慈济做建设基金。

工作人员问他为什么这样发心？他说，他从小就过着坎坷困苦的日子，三岁时母亲去世，由祖父抚养；到了六七岁时，祖父母又身亡。由于身体不好乏人照顾，罹患眼疾又没适时治疗，因此眼睛早在五六岁时就完全看不见。他的童年就是在黑暗贫困中度过。

长大后他以卜卦算命维生，赚了不少钱，除了买一幢房子安身外，还另买一幢房子置产。

有一天，他收听慈济世界广播节目，听到我说："人生只有使用权，没有所有权"，"单会赚钱不稀奇，会用钱的人才有智能"……这些话令他很震撼。

又有一天，他听到我说："现在名医很多，但良医有限，因此除了建医院外，我还要办医学院。"他前前后后把我的三句话连在一起，想到自己小时候就是失去医治的机会，又乏人照顾，才会失明，以致一辈子痛苦地生活在黑暗中。

他深深地体悟到："既然人生并没有'所有权'，我为什么又要苦苦的去置产呢？我要把辛苦赚来的钱，发挥在真正有用的地方！"因此他对子女说："现在我们已经有住的地方，另外那一幢多出来的房子，如果要分给你们五六个，每个人也分不到多少，倒不如把房子卖了捐给慈济，发挥人生的使用权。钱是我赚的，让我把它用在有意义的地方吧！"

像他能把钱用在适当的地方，钱花得很美。期望每个人用钱都能用出"漂亮"的意义。

创造和气

有一年农历正月初一，主持精舍除夕晚会的杨怀民、陈淑丽、谢佳勋三位提前到来，和我一起谈话。

我说，社会人心的净化，也需要艺人们负起“矫正”的良能。许多年轻人对艺人有“偶像崇拜”的心理，若艺人能“开口即是好话”，则能给予青少年正面的影响。净化人心非常需要艺人们以身作则。

杨怀民先生不解何以慈济人“付出的同时要感恩”?

我回答他，常人对于道理总是“知道”却“不懂”。如“人生是苦”这句话很多人都会说，但真正的意义并不一定了解。当我们真正去帮助人时，能藉此体会人生无常变化、明了生命价值何在，所以他们是我们人生的老师，应该感恩他们。

字面上的探讨是知其然，但不知其所以然。要有真切的感受，就要亲身去接触活生生的人生。

梦的解析

一位年轻商人来访，说自己连续三天梦到我。他年纪只有三十出头，但事业非常成功。

“我本身没有宗教信仰，也从未见过上人。小时候生活穷困，长大后一心只想赚钱，所以向来只关心财经，社会上其他事情从不关心也不了解。”长年忙于赚钱的他，对“慈济”二字算是十分陌生，怎会梦到我三次？他说，梦境中的我一直教他投入大爱的活动，他在梦中拒绝了，但在现实生活中百思不解又十分惶恐不安，问过几处道场的师父以及算命先生后，终于因为不得要领而来见我，请我指点迷津。

我对他说：“‘梦’是很平常的事，不用太放在心上。不过如果是场美梦，让它成真倒也满好的。”钱财多、地位高、权势大，都不是美梦，反而常会惹来很多不必要的困扰。人生之美，在于身轻心安，这才是最有福的人生。

其实，人生本就如梦，人人都在如梦的人生中追求理想。怀有理想的人，如何想就如何做，将梦想付诸行动才会成功。

不将梦当一回事，一场虚幻的梦就空空过去，不留痕迹。若是有意义的梦，不妨将其落实在生活中，那么这就是一场实现人生正确方向的美梦。

生死智能

有一次在慈济医学院举行的临床仿真手术教学中，慈诚队谢居士的太太也是大体老师之一。谢居士曾在九·二一地震后参与抢救，看到许多生离死别的场面，知道生命的无常，也知道生命的价值观，所以当太太因洗脸盆爆裂意外往生时，他能够很平静地面对，也圆满太太生前捐赠大体的愿望。他说："因为慈济的教育，孩子碰到这样的事，竟也能面对现实的打击。我很感恩太太，让孩子的智能成长。"

意外发生了，怎么办？总是面对现实，让生者心安、亡者灵安，这就是智能！

人生无常，每个人都是同样的生、不同的死，生死之间又各是不同的生活，究竟生命的价值何在？真正的"福"，是造福人间。人生最重要的是照顾好自己的行为，时时观照自己所做的一切有没有错？有没有与人结好缘？对社会有没有利益？社会上如果能多一些好人，多说一些好话，多做一些好事，就不会相互争斗、推卸责任和攻击。

“没问题”与“想想看”

印尼慈济志工勇于承担，终于创造了红溪河畔的爱心奇迹，他们从“没问题”到发现“有问题”，再回到“没问题，做就对了！”这份心念的转换，是因为有“信”——相信既然我交给他们来承担，他们就有这份能力，所以全心去做。

反观，有些人总是在“想”要怎样做；每次都说要“想想看”，愈想愈复杂，心中的结也会愈来愈多。想，就表示心中还有怀疑。人若无法“信己无私、信人有爱”，听到别人说一些风风雨雨的话，心就会纠结成一团；就像一条绳子，如果顺不好、拉不直，很快就打结。

若能打开心胸，“心包太虚，量周沙界”；心中有深信，就没有怀疑，如此，世间就没有什么能难倒自己的事了。

黑暗与光明不断复制

一念偏差，可能导致终身错误；而不知错、不忏悔，将堕入三恶道中，生生世世无了期。因此，当时时反省，及时忏悔改过，能生在人间就是福，然放眼天下苦难偏多——生、老、病、死固然是苦，但在生死之间的人生百态中，还有许多富而孤、有子不孝、贫穷孤僻、凶狠顽钝的人，他们的生命中缺乏爱，少了人情味，这样的人生快乐吗?

慈济医院里曾住进一位脾气很坏的病患，全身上下画龙刺凤，令人望而生畏；刚好服务的志工是位女警，这位平日嫉恶如仇的女警在为他服务时，心中生起的第一个念头是：“坏人生病了，活该!”继而又想起我说过的话，一切烦恼都是由自己的心而起，人性本善，只是观念偏差而造恶。“坏人也有改过之时，何况他现在病了，我该怜悯他，不该再将他当成坏人……”女警思索着。

的确，人人与生俱来良善本性，只是生生世世累积的恶习未尽，加上社会大环境的熏染蒙蔽智能，才会一时迷失，走上偏差的道路。物资匮乏所造成的贫穷苦难，需要财务救济；心灵无知的贫瘠之苦，则需以智能教育。那些在身上画龙刺凤、看来凶狠顽钝的人，对人对事缺乏温柔、体贴、欢喜之心，不仅自己的人生不快乐，也使他人避之唯恐不及。

迷失的人生，要再回归良善本性，必经一番挣扎。假使遇到好的因缘，有人在旁不断引领、陪伴，让他们转无明为欢喜，慢慢地启发慈悲与智能；久而久之，就能引导其走上光明大道。

我们要记得，听到他人好言好意提醒，若能以感恩心接受、确实改过，习气就容易断除；否则，内心无法从善、无法改过，恶业将不断复制。

付出，情更长

志工早会，谈起两件悲剧中见到的人间温情。一是马来西亚侨生毕业前陪母亲及新加坡籍女友游花莲，于北宜公路遇山崩往生，台、马、新三地慈济人协助丧葬事宜；一是载有十四名巴基斯坦及尼泊尔偷渡客的渔船于马来西亚附近海域沉没，慈济人协助处理善后。

慈济人心中有爱，天下一家亲。无论哪一个角落发生事情，同样的关怀、同样的温馨，很快就会连接起来，让人生感觉到不孤单。

世间多少人光为追求一小爱就烦恼不断，这样的人生多苦！天地到底有多辽阔？不知道，尽力付出一分爱就对了。什么样的情最长？不知道，只问付出就对了。

凡夫总是随一时之情、一时之气，当在追求的时候，誓言海枯石烂、地久天长；等得到时，哪怕石头变钻石都嫌扎脚。一时之气爆发，哪怕是至亲，也是棍子打、刀子杀。凡夫的小情小爱每每带来烦恼不断：菩萨能够超越一切，无论有情、无情都同等付出，而“付出，情最长”。

与孩子讲“礼”

现代孝亲观念淡薄令人感到担心，孝养父母是天经地义之事，儒家说“父母唯其疾之忧”，为人子女者若能自爱，保护好自己的身体，不让父母担忧，甚至利用父母所赐予的身体去为社会付出，这就是报父母恩。

在慈济中学慈诚懿德培训研习中，我提醒大家，不要用宠，要辅导孩子能自爱、付出，他们长大后才能拥有一颗感恩的心。

教育是一条非常艰巨的路，整个社会要有志一同，才可以从小学而中学、高中、大学，一直到硕士、博士，将全人教育建立起来。

有一次，我从慈济医院要回精舍时，突然听到很清脆的声音，喊着“师公上人！”回头看，是一群刚下课的慈济小学孩子，他们很自动地围绕过来，好甜！好贴心！

从很单纯、天真的幼儿一路培养他们到成年，让他们学习感恩，感受到人性的爱与体贴，这就是我们教育的理想。

有人说：“吃饭、走路很简单，为什么还要教？”学校教育不只要教导课本上的知识，还要真正落实生活教育，从怎样端碗、拿筷子教起，教育孩子们懂得生活的文化和做人的美学；孩子懂得生活礼仪，就懂得爱自己。

父母是孩子的“模”，要做孩子的模范，说话、行动都要很谨慎、文雅；要多看多听，以真人实事教育孩子，或带他们去当志工亲身感受。

自爱的孩子才会爱人，要让孩子从付出中学习感恩。

爱的共同基因

一年一度的“骨髓相见欢”活动，总是掀起全球慈济日的高潮，捐髓者与受髓者相拥泣泪，欢喜与感恩尽在不言中，最是教人动容。

一对来自新加坡的父母，带着感激的心情前来向捐髓者许先生致谢。虽然受髓的孩子已往生，但捐髓者许先生还是肯定地表示：“天生我材必有用，这次我用得最有意义。”

二十一岁的台湾女孩，怎会与五岁的白人小孩配对成功？一对来自美国新泽西的夫妇带着小孩上台，健康、可爱的小男孩不时挥手与观众打招呼，笑容满脸的他，说自己最盼望能见到捐髓者。可惜大女孩因为天候所阻，无法前来。

生命的确很奥妙，受髓者身上的造血功能是从另一个人身上，像种子一样种下去，让他们重新拥有旺盛的生命活力；而“感恩”与“救人的感觉真好”这些话从捐髓者口中说出来，令人觉得他们是真正的人间菩萨，也见证人间确实有真善美。

慈济人之间其实也有基因存在！我们的缘就是基因，你我配对到了，大家看到师父就很欢喜。但就像捐髓者以一股很真诚的心要捐，是否会被排斥，就要看对方的体质了；师父给的法，也像捐髓者一样，会不会被排斥？端看接受的人是否将法种在心中，并且用心除草、勤施肥，不时地用阳光、水分滋润，种子才能移植成功，将来长成大树庇荫众生。

卷五

原谅无法原谅的人

大多数的人都只知道保护自己，而不知道发挥爱心。我常说，我们要原谅别人无法原谅的人，要去爱别人无法爱的人，就是这个道理。

原谅无法原谅的人

原谅别人是美德，原谅自己是损德。人常拿出很多理由来原谅自己，对别人却是以严格责备的眼光来对待。

过去有一位盘珪大师，用佛陀的教理来教导众生。《法华经》云："一雨所及，润泽群生。"普天之下的大树小草，就看它的根基是否能够接受，道理虽然好，若是不对根基依然无法接受。他平时带领弟子修行，打禅七时，除了常住弟子之外，也有外来的人，大家希望在禅七期间能够开悟取证，所以都很用功。

就在禅七期间有人遗失东西，查证的结果，是他的弟子所偷。常住们都不肯原谅这位有窃盗行为的人，因为他们怕外来的人有所误会。有人建议立刻开除这个偷窃者，但是大师并没有立即行动，只说他知道了，而犯了窃盗的弟子并未受到处罚。

另外一次法会，来参加的人又遗失了东西，一追究下来仍是上次那个人，他无法改掉不好的习气。这次常住众愤慨地联合外面的护法向大师抗议，希望他能够重视这件事情，开除这位弟子。大师还是将抗议书收起来，没有采取任何的行动。又过了一段时间，常住众丢了东西，同样还是这个人所为，这时候大家已经忍无可忍了，大家向大师表示，要是师父不肯开除这位弟子，大家只好离开这个道场，这已经是最严重的抗议。

盘珪大师不动声色，平静地向弟子们说："诸位，你们大家事理分明，我每天所讲的教法你们都接受了，知道守持善法、戒除恶法，你们已经懂事了，既然能持能守，不论你们到了哪一个道场都可以安心修行。至于这位犯窃盗的人就是因为不懂事，所以一犯再犯，他不觉知自己犯了错误，无法改掉不好的习气，我要是不要他，还有谁会要他呢?你们既然那么讨厌他，可以离开他，你们到什么样的道场都可以修行，我还是要好好地教导他。”这位惯窃弟子听了泪流满面，从这一刻开始，他的眼泪洗去窃盗的心念，痛改前非，从此专心清净修行，日后并且传接盘珪大师的教法。

大多数的人都只知道保护自己，而不知道发挥爱心。我常说，我们要原谅别人无法原谅的人，要去爱别人无法爱的人，就是这个道理。别人不肯爱的人真是可怜，无法取得原谅的人也很可悲，我们若是放纵心念，迷失原来的本性，无法发挥慈悲的爱心，这也是放荡啊！

提得起，放得下

老子说："人之大患在吾有身。"人生最痛苦的事，哪一样不是直接、间接由这个身躯引起的呢？有了身体便有接触外界的纷扰；有了身体就有内在的痛苦。身心的造作招来了一切的业；结了一切的果，也惹来无数的烦恼。然而人的躯壳事实上只不过像污泥、像肮脏的垃圾罢了！但是，人往往为了这个身体，在日常生活中计较造业，这就是老子所说的："人之大患，在吾有身"的涵义。

有时我们看到健健康康、活活泼泼的人，能感觉到他的人生过得很快乐、幸福。若是看到在生死边缘挣扎，求生不得、求死不能的人，而他的眷属又是一脸无奈，浑无一点亲属之情，我们便不禁要问：人间情在何处？快乐又在何处？

我们若要修得解脱自在，便得利用身体做"载道器"；因一切的功德都得由身躯做起，若懂得利用这个身躯，此身就是功德的聚集所，可通往涅槃之道，反之，那它就是造业的根源。

日常生活是我们利用身躯修行学道的好时机，修行不是向外攀求，而是要从自身做起，好比一个人掉入污泥中，爬起来后，他可以到清水池中洗净，若不肯清洗，这是他自己本身的过错，不是清水的过失。而我们凡夫通身都是烦恼，这些烦恼唯有借助佛陀的教育和佛法的修练，才能洗涤干净。

若不好好修学，不依照佛陀所教育的方法来修养，最后这个身躯坏了，于法也一无所得，这哪是佛法之过呢？所以说，一切要由自身做起。纵然外面有救命的良医，有最崇高的教法，但若不去亲近、不肯接受，不发挥载道的功能，人身将永远像是一辆烂车、一团垃圾而已！这个身躯也成为人生的一大祸患。

我们平时就应训练自己“提得起、放得下”的功夫，甚至要能置生死于度外，心中若有所贪恋，生死舍报之时就很难放下。

看到病人体内流出来的不净物，最能启示我们“观身不净”的教法。一口气仍在时，我们可以保持身躯表面的干净，若一口气不来或者不能自理清洁时，再干净的人也免不了被这污烂、臭秽的身躯所苦。大家要仔细想想，不需为这身躯、这辆“破车”太过费心，太爱护保养它，以至失去载道的功用。再破、再烂的车，只要我们好好利用，多多少少也能载上几项“道”。如果动不动就说：“我身体不行了”，“我头昏目眩、腰酸背痛”，因此什么都不做、不学，一切都不肯自己动手实践，当然更会觉得“这辆车”开不到人前来，任它腐坏自然不能再装载东西。

总之！要好好利用身体，身是载道器，不要失去了它的功能，说一句好话，能够鼓励人的话就是功德；举手投足，能够利益人群，这无不是功德。所以，要好好来培养，用我们的身躯来培养一切的功德。

人不如鸟？

人是万物之灵，在这世间短短的数十年里，究竟能学多少东西呢？时日不停，我们的智识也应该不断地开发，人的智力及能力比其他的动物都发达。但是有时看看动物，再斟酌人类的发展，禁不住会感觉到有些惭愧。看，雁鸟自古以来到了冬天，它们就会成群结队地飞到几千里以外的南方，这是为什么呢？因为冬天来了，北方寒冷，南方天气温暖，所以它们要移居到南方，南方的气候才适合它们繁殖。等到春去夏来，它们又会带着新的一代再飞回北方，因为南方的气候太热，北方比较凉爽。

鸟类竟有这份择居的智能，会选择适合它们生活的气候，并能一代教导一代，你们想，人类有办法做到吗？很难，因之“人道”不如“鸟道”，鸟类可循规蹈矩，而人类却时常在混乱之中。上一代的人虽想教育好下一代，但年轻人却随着时代的潮流、社会的风气常抗议说：“从前是从前，现代是现代，时代不一样了！”这叫做“人不依人伦，人不依人道”，古人走过来的路，现代人不肯去走，长辈所教导的处世方法，年轻人也往往不肯接受。

佛陀抱着大慈大悲之心，放弃世俗的一切来教导众生。他要弟子们去掉无明、自私，化小为大，但有的人却还是依然故我，不能依照佛陀所教育的方法，放弃小我，反而妄取无明。这就是为何不能上轨道，不能成贤入圣的原因。所以我常常说：直心是道场。圣人贤者的教导，我们假如能依照教法，直心来承受，心无旁骛地学，并且实践，则天底下没有不能成就的事。

有些事物可以假乱真，若常常抱持“自以为是”的理想，很容易陷于混乱，好比有一种树，它的叶子很像葡萄的叶子，与葡萄树几乎一模一样，所不同的是葡萄树会结果实，而那种植物只会长刺。若光看到叶子就伸手去摘，手一定会被刺到。道理与此相同，我们假如分不清楚真实的理想，必定也会受到伤害。人生无常，时间飞逝，生命是短暂的，所以要走踏实的道路，若放弃真道，却要去开辟自以为是的理想，这就像茫然地伸手却被刺伤一样。

时光宝贵，直心为道场，先贤古哲怎么教导我们，我们依教奉行就对了。就像雁鸟一般，它带着新生代飞去，又带着它们飞来，下一代的下一代又依照这个路线来去择居，找适合繁殖、生活的地方住下来。人类能够不如鸟吗？鸟的路线在虚空中，天空那么宽阔它们也不会迷失航线，这就是“道”啊！人生也有一条正道，若不肯去走，那不是比鸟还不如吗？茫茫的虚空中，鸟儿不会迷途，而很多人在人生道中，却一直在迷路，这不是太可惜了吗？所以，千万不要人不如鸟。

德香与身香

真正能够影响一个人的善业因果，唯有持戒。持戒比任何有价值的物质供养，更能够得到福报。

佛陀在世的时候，他游行教化至舍卫国，受到全国人民的敬重与供养，这个国家的王后末利夫人，也是一位虔诚的佛教徒。有一次，该国有商人出国做生意，得到一份珍贵的宝物，他将礼物带回到舍卫国献给国王。国王则准备将它送给他最心爱的人，然而嫔妃众多，到底该送给哪一位呢？于是国王传令下去，请宫内所有的嫔妃都排成一列让国王挑选，只要国王认为最美最喜爱的人，就可以获得这一项宝物。大家都出来列队了，唯独末利夫人没有出来，国王发现少了一位，于是请宫内的人去传唤。

当天正好是十五日，对一个虔诚的佛教徒来说，正是受八关斋戒的日子。八关斋戒日，脸上不得施脂粉，所穿的是白色的素服。末利夫人觉得身穿素服，脸上不施脂粉就去见国王，实在是太没有礼貌了，因此她没有出去。

宫内的人禀报国王，末利夫人因持戒而不得前来。国王生气地说：“身为一个佛教徒，为了持戒难道就可以违背国王的命令了吗？”他叫侍卫再传令下去，侍卫到了后宫，告诉末利夫人：“国王发脾气了，请夫人出去见国王。”

末利夫人只好以她本来的面目，不施脂粉、身着素服，来到国王面前。国王看这位干净又朴素的女人来到面前，突然间眼睛为之一亮。他眼中所看到的，是脱俗、清净、美丽的一位夫人。他问：“我一看见你就觉得你是我心目中最喜欢的人，你究竟修了什么样的品行?”

末利夫人说：“我向来都觉得自己是个业障深重的人，尤其是身为女人，情深欲重，身心都是业，所幸我得遇佛法，以佛陀的教法，使我得以时时警惕自己，时刻忏悔，慢慢洗涤过去心欲的垢秽。今天国王要我出来，我三次违背了国王的命令，我宁可持戒也不肯毁戒，却触怒了国王。”

国王听了之后很欢喜，他准备将手中的瓔珞送给末利夫人。他说：“今生今世，我不会有第二个比你更喜欢的人，所以我要将这样礼物送给你。”

末利夫人说：“我今天修八关斋戒，不能接受这份礼物。”国王又急了：“我的命令既然下达，你不收下叫我如何处理呢?”末利夫人微微一笑：“那献给佛吧！只有佛陀才有资格接受如此宝贵的礼物。”

这就是末利夫人的智能，他想要引导国王接受佛法。而佛陀受了供养之后，就对国王说法：“世间的东西什么最香?什么最有价值?我手中这样东西，世人认为最香、最有价值，这就是颠倒的错误。真正的香是德香，德香可以散播十方，德香可以从过去到未来，长年万劫散发出它的芬芳。”一个人真正要我们的身体庄严，并不是身上佩饰瓔珞宝器，这些都不是使我们身体庄严的珍品。真正使我们身体庄严的珍品就是气质，好好修好自我心灵，注意身行举止，自然所得到的，就是一份可爱的气质，以及令人尊敬的形态。

转“众生见”为“清净见”

同样生而为人，有些人造福人群，舍己为人，有些人却为了自私的感情而危害人间，这是心的作用方向不同所致，我们应好好利用这颗心，发挥良能使人生不虚此行。

佛陀在世时，他一再教导弟子，目标不为别的，只是要改正人们错误的观念与凡夫的见解。有一天，阿难尊者请问世尊说：“佛陀，您时时称赞阿那律陀，说他得了天眼，阿那律陀自己也说他可以透视大千世界。既然他可以看得那么远，佛陀又说众生的见解无量无边，那么众生之见与阿那律陀可以透视大千国界，到底有什么分别？”佛陀听了，默然不语。阿难再次启问，佛陀还是没有回答。阿难启问了三次，佛陀才回答说：“众生的知见，怎么比得上声闻的知见？但声闻的知见，也比不上如来的知见啊！”

众生的知见是否无量无边呢？好比一二十人，我相信就有一二十种见解，更何况还有那么多的众生，当然就有无量无边的见解。有的人禀性纯良，充满美善的见解，有的人则满心自私自利的见解，因此跟声闻觉者所证得的智能，那“知见”怎么会一样呢？而声闻也比不上如来，如来有正遍知的见解，他可以透彻现在、追踪过去、推测未来，甚至过去人的心念，一切都能历历分明在佛陀的脑海中，被他的慧眼所透视。

众生的见解时多谬误，修行就是要转“众生见”为“清净见”，转染境为净境，转染爱为清净爱，若能如此即可破除人我是非，造福人群，人与人彼此也能互相帮助。佛陀教育弟子就是希望大家好好静思，解开个人所缠缚的见解，融会成清净的爱心。

好好运用我们这一世的生命

佛世时代，有许多外道修持者也具足“五通”。所谓五通就是：宿命通、神足通、天眼通、天耳通和他心通。当时，有四位兄弟是婆罗门教徒，他们精进修持，因此也都具足五通，知道各自生命的长短。有一天，四兄弟聚在一起谈论生死大事，发现在共业之下四人将在同一时间死亡，但他们很有自信，认为有能力逃脱大限的来临。

四兄弟即各自计议，一位说：“只要我飞上须弥山顶，躲在两座山之间，既看不到天也踏不到地，这样即可逃脱。”另一位说：“我升到虚空中，脚不着地，不受他物的抬举即可免难。”第三位说：“我想潜到海底去，海阔水辽，无常之神即奈何不了我。”最后一位说：“我要到喧闹人多的城市里，无常鬼找不到我，自会去找别人。”主意既定，他们就辞别了国王，又说：“七天之后我们会回来，然后便可长命百岁。”

但七天之后传回：“四兄弟之中的一位莫名暴死于城中。”国王听了既伤心又迷惑，于是就去请教佛陀，说：“这四兄弟皆具足五通，已知晓自己的生死，何以仍无法逃脱死亡的时辰？现在四位既然死了一位，那其他三位也可想而知了。”佛陀便开示说：“人生有四件事——生、老、病、死是人们所不能逃避的，随着日月的流转，在人世间，这四件事可以说是一种必然。”

人生这四种必然的现象，在日月沉浮、时光的流逝中组成人间路，任何人都必然走上这条道路。在这路途上，我们假如能好好把握时间，善用良能与人结善缘，那就不至生死迷茫而任生、老、病、死的荆棘所刺伤。

我们虽然行在生命缩减与身相困厄的棘草上，但是在精神品德的行持上，我们却能借着“勤行善利”，化除现象的困厄而逐渐达到独立、自主、内外圆和的精神境地。这种境地就是“圣人”的境界。圣者的境地与凡夫的境地最大的差异是：圣者可以自我掌握时空，运用时空。一世的生命，在圣者的运筹下必然相当充实，因为他绝不虚掷时光。

我们应学会如何把握、运用这一世的生命，让生命在流程中发挥它最崇高的价值，显现生命应有的意义。假如能行持到这样的境地，人生的一件大事已在历程中完成。

漂亮的鹿角

什么是功德？谦虚礼让即是功德。“功”者内能自谦，“功”字由工与力合成，意在力行修养工夫。世上谁是全能、万能？缘起的世间，人们要群策群力，互相依持、帮助才能安稳生存。所以，应常起谦虚之心，处处敬重他人。

有个故事：林中有一只鹿，头上双角英姿雄赳。有一天，鹿至溪边喝水，低头见到水中的自己，不禁想道：啊！多么好看、漂亮的双角，真了不起！可是，再看看自己的四只脚却是又瘦又丑。因此，它对头上双角感到无比的骄傲，对四只脚却很轻视与不满。

正在轻视那四只脚时，忽然听到吵杂的声音，回头一看，猎人的长枪正瞄准了它，鹿大惊，拔腿就往森林跑。正逃命时，那又长又美的鹿角，竟然被错综的树藤缠住了，终于被猎人追上。那时，它才后悔：平时我最瞧不起的四只脚，本可以救我，岂料我最满意、骄傲的双角，却害了我……看看社会上多少英才也被骄傲所害，而不能开展事业，这小故事寓意足为警惕，深值慎思！

“德”者，外能礼让，一个人尽管心地善良，但现实行为若不肯礼让，缺少礼貌，好与人争，这即是失败的主因。所谓成就，绝非孤芳自赏，而是必须人人赞叹，欢喜护持，这才是真正人格的升华。

信心、勇气、毅力是精神智能。智能能透视一切众生的相关性而起大爱心。有人以为若扩大爱心，岂不忽视周围亲人的小爱？绝对不会，要知小爱即是慈的局限化，若能化私我小爱为大爱，则大慈爱中自能涵盖小爱；能爱一切众生的人，更能爱他的眷属。从内而外，一切平等，方名为佛的慈心。修行即在于“以佛心为己心”，视佛的精神为自己的精神。

佛教精神，我们必须深刻地了解，只要能将佛法应用在日常生活中，自能父者尽父道，子者尽孝道，家庭一定会和睦幸福。行菩萨道是由凡成圣的过程；“慈济”的济贫教富，即是行菩萨道；力行慈济工作，走到慈济大道的那一尽头，佛格即成。

人心分歧，不如蝼蚁

一次，我走到大殿外的土地上，一尾蚯蚓蛮长的，但全身都是泥土，这条长长的虫微弱地挣扎着，身旁围着好大一群蚂蚁。那时我想伸手动一动它，赶走蚂蚁救蚯蚓，手伸出去又收回来，因为我怜悯这群蚂蚁，它们有团结的精神，有合心的毅力，要将蚯蚓运离。

蚯蚓既然全身都是沙土，表示生命力已全退失，既然退失了生命力，那就只是一堆物质了。就像人有生命力时，我们的身体才有作用，若一口气不来，身体只不过是一堆物质，也一样会臭掉、烂掉，被虫蚁吞食。蚯蚓也一样，已救不回来的生命，倒不如来爱惜这些毅力团结的小生命。

蚂蚁这样的小生物，微不足道，却具有团结的精神，蚂蚁的生命又如此短暂，建一座蚁塔并非短时间能完成，它们除了团结之外还有下一代传承上一代的意志，意志传承这股毅力较之人类，恐怕人类还输它们。

假如具备蚂蚁的意志、毅力与信心，社会人间不会有那么多纷乱是非。人是万物之灵，不要怕苦，要提起信心来团结，才不会自陷危机。

冬天的阳光

听慈济人说过一个非常感人的故事，有一位住在山区的老先生，八十多岁的他没有任何亲人，过着孤独贫寒的生活，据说已有五十多年。岁月不饶人，老人已无法付出劳力，自立生活，所以变成慈济长期济助的对象。

有一天，慈济委员们结伴走过长长的山路，才到达这位老先生的家。他们隔了两周没去看他，远远的就闻到一股臭味，心里觉得不妙，不过，大家还是勇敢地把他的家门打开。一看，老人蹲在墙角，病得无法动弹，大小便沾了满身，委员看到他在那儿呻吟，赶紧伸手扶他起来。

大家立即在门外搭起临时的灶，开始烧热水，男众带着老人去洗澡，女众则为老人清扫床铺环境，大家分工合作，等老人清洗完毕，他的床也整理好了，大家小心地把他抬上去，让老人舒服地休息，老人摸摸干净的被单、枕头，似乎很舍不得躺在上面。

委员们问老人："您会不会饿?"老人说："我很渴，也很饿!"委员就把带去的素食面煮熟，然后端到床边，一口一口喂他吃。老人吃得非常高兴："我已经好久没有吃到热的东西了!"平时老人吃什么呢?吃罐头食品，因为他已无力自己煮食，冷冰冰的罐头食物，不知已伴他度过多少春秋，总算等到委员去探访，为他清扫、为他烹煮，他才有一碗热腾腾的面汤可吃……

委员们和老人聊天，一边为他剪指甲，一边像讲故事一样闲谈，又谈到当时正在进行大陆赈灾的工作。这句话引起老人的注意，他问道：

“你刚才是说——师父要去大陆救灾吗?”委员说:“是的,所以现在我们都在义卖、劝募,希望能对灾民有所帮助。”

老人听了,伸手往枕头套里一直摸索,好不容易摸出一张一百元的钞票,说:“请你把这一百元交给师父,用于大陆赈灾!”委员拿到这张纸钞,觉得它非常“沉重”,想想,一个贫病交迫的老人,他却也有这份温馨的爱心;他住的屋子,屋顶挡不了雨,墙壁抵不了寒风,而且还必须接受救济,当他听到师父要去大陆赈灾,竟然毫不迟疑地响应。虽然他的身世凄凉,但他内心也有灼热的爱,可见爱心是可以被鼓励的,而丰衣足食,过着平静生活的人,应该更能付出这份爱心。

心专意定，关心自己

我们为什么心不能专、意不能定呢？那是因为无法控制自己的心思，对人对事都先去管别人而无法了解自己，既然无法了解自己，意志怎能专一呢？我们散心杂念，对别人的举止动作都很关心，却不懂得关心自己。

盘珪大师花了五年时间用心研究天台宗的教理，他深深体会到，天台的道理要从禅定中体会，希望在了解大纲之后能够更上一层楼，于是他又利用七年的时间学习打坐。七年下来稍有心得，但还是无法真正了解定的境界，于是他又到一座禅宗丛林中研究禅理，实行打坐的功夫，如此经过了十五年。

他花了二十多年的时间，在离开丛林之后，即准备领导社会人群。很多人知道他花了长时间修学，不论是天台的教理或是禅学的道理都很彻底，因此都来请他开示，他也都能一一回答。

有一天，一位修行了三十年的老修行者来到他的面前虚心请教。他问："佛陀说法，一切众生皆有佛性，蠢动含灵皆能成佛，这么说来猫和狗是否也能成佛呢？"大师回答他："你关心的是猫狗是否成佛，请问你可曾关心过自己能否成佛？"老修行者一时如拨云见日，果然不曾关心过自己能不能成佛，所关心的只是畜牲草木能否成佛。

世上的人多数都是如此，只知道去计较别人的举动形态，从来都不会拘束自己，只知道为别人算珠宝，自己本有的宝物却不知道去挖掘，这就是放纵自己，所以心定不下来，一直缘着外面的境界在起分别。放逸会阻碍心的定力，我们内心有一个顽固难调教的童子，无法好好调教，就会放逸作恶。

放逸会妨碍我们的道业，若不好好的调伏就会增恶损善。时间会累积一切的业，恶业增加善业会减少，若能利用时间增加善业，自然可以减少恶业。

用时间累积心的富有

时间累积一切，无论是事业或是个人的修行，多少的路就要用多少的时间来走。一般人劳碌于社会，作息不定时，生活不规律，有时候以日反夜，以夜藏日，浪费在无所事事上，大好时光流走，最后一事无成。我们应知道时光可贵，时日苦短，应该好好规律生活，该做的时候，我们要分秒必争。

尤其是道德的培养，更需要时间的点滴累积。从前有出家人在外做佛事，回来分“花彩”，什么是花彩？就是施主包的诵经钱。有一回寺内分花彩钱不平均，起了争执，说你分得多、我分得少，连寺内的纠察师都出来做公亲，为了一点钱，一场口舌之争没办法平息，不得已只好找方丈。

方丈把惹事的人训示一番，并说了一个故事：包青天在开封府办案，有一名老翁手捧着百两黄金，说是好朋友生前所寄放，现在他要还给朋友的儿子，但是他的儿子却不肯收，所以不得已来请包青天裁决。

包青天觉得很奇怪，普通人如果贪心就不还了，何况死无对证，这名老翁却还拿钱还人。包青天将不肯收钱的儿子也找来，这位年轻人说：我没听过先父说过此事，既然临终时不曾交代，寄放等于没寄，钱不是属于我的，所以不能接受。这两个人，一个是非己之财不得接受，另一个是非己之物不能隐藏，到底要谁来接受呢？二人都不肯收，到底要怎么办呢？包青天了解这二人如此自律清明，深受感动，于是替他们作了决定，你不收，他也不收，我更不能收，那么，就用诸社会，做社会公益事业，救济贫困，将功德回向给亡者。

这位大师说，你们看，尘劳之士都能守持人生本分，而你们出家离俗，为何心染污、贪财物，起意争执？你们真应该忏悔，改过自新。

人的富有，不是建立在物质的富有或家庭的富有，而是心的富有，心的富有就是道德啊！道德如稳固，虽匹夫为非穷；道德不稳，虽为富人子，非富也。道者路也，德者得也，我们的道德要在生活中累积起来，用时间来累积。

用心做人最重要

有人说："未知生，焉知死。"想了解怎样死才能解脱，还要了解如何生，才能够随顺道理。

佛陀在世时带着一群弟子游化于印度，当时印度有很多复杂的宗教，而婆罗门教是佛教之外最强盛的外道教，常常会排斥佛教。

有一回，佛陀带着弟子们在竹林精舍修行，有一群婆罗门梵志来向佛问道，说："佛陀的道理听说很深奥，能够解决生死，我们就是要请教这些道理。"佛陀说："请问吧！"外道就问："到底人生的法是有或无呢？"佛陀说："生者即有，死者即无。"梵志又问："人要如何才能活在人间？"佛陀回答："要靠五谷杂粮。"

梵志又再问："五谷杂粮是如何产生的呢？"佛陀说："是从大自然的空间产生出来的。"梵志再问佛陀："空间是从什么而生？"佛陀回答："在大自然里。"梵志又再问："大自然到底是什么？"佛陀回答他："大自然即是泥洹。"

梵志又再问："那你知道什么叫做泥洹吗？"佛陀说："你为什么问得这么深奥呢？泥洹就是生死大道呀！你现在还没办法体会生死解脱，为何问得这么深呢？"这个人又说："佛呀，你还没回答我，何谓泥洹的境界。"

佛陀就反问他："你知道人生何者最苦吗？"他说："我知道，生死最苦。"佛陀再问他："你怎么知道生死苦呢？"梵志回答："因为我所看到的人，都在生离死别中难分难舍，在世的人割不断，临死的人也舍不掉亲情，所以我知道生死是痛苦的。"

佛陀说："我看现在、过去、未来诸佛，他们证得泥洹的境界都非常安详快乐，所以我知道生死能断，泥洹是解脱，是寂静、不生、不灭，最快乐的境界。我见到过去诸佛的解脱而欢喜，也能够亲自体会，就像你知道生死，看到别人在哭泣，看到人家难分难舍而痛苦。你还没死就能知道他们的痛苦，而我能体会过去诸佛泥洹境界的安乐，这也没有什么稀奇啊！"

由这段对答，我们就能体会到：凡夫只是在问难，并不是问道。什么叫问难呢？也就是提出很深的道理来论辩。像现在的小学生，常常在问"先有鸡还是先有蛋"一样，只是在问却没有一个答案，也不去理解蛋和鸡生成的原理。

最要紧的是从学做人开始，其实"做人"就是成佛最深的道理，做人还做不好就一直问"成佛"的境界，这怎么能够体会呢？再多的解释，也只能在皮毛上了解而已。就像这位梵志，他只看到别人的生死，但他根本没办法真正了解死了以后的境界。

用心做人才是比较重要的啊！

持戒的老少比丘

修行，绝对不只是在面壁、坐禅，我们应该要面对现实，脚踏实地修持。佛在世时，所制定的戒有一项是治懈怠，要我们警惕：“是日已过，命亦随减”，应该好好发挥体力的功能。

在佛陀的僧团里，有两位比丘皆持戒精严。有一位国王，他很护持佛教，听说有一位老比丘、一位年轻的比丘，两位都持戒严谨，他就亲自去拜访这两位比丘。

他先去拜访年老的比丘，去了之后恭敬顶礼，然后问：“听说您修行持戒谨严，请问您持戒的目的为何，将来有所求吗?”老比丘回答：“修行当然是有所求呀！不过不是求现在的福，而是求未来的福。”

国王又问他：“您未来有什么要求和心愿吗?”老比丘说：“像国王你可以统领一国，受人民恭敬，我希望以现在的修行，来生能够成为一国之主。”

国王听了以后，觉得这持的是什么戒？只为了自己未来的享受，怎么叫持戒呢？所以，国王对老比丘的回答很不满意，于是掉头离开了。

还有一位年轻的比丘，国王想：老比丘只为了自己的享受而持戒，那位年轻人欲望应该更大。他不抱很大的希望和恭敬心，不过也打算要去见一见！

他面对年轻比丘，内心有一份轻视感，就问：“听说你持戒持得很好，到底你持戒的目的是什么?”这位年轻的比丘说：“持戒是我的本分事，佛陀教育我们好好爱惜时间，利用时间发挥身体的功能。持戒是本分，如果说来生有什么希望，只希望能够造福人群，救度一切众生，以一切众生的苦为自己的苦；以佛陀的慈悲为我们的志向。”

国王听了肃然起敬，年纪轻轻的修行者，竟然有这份无所求的心，而且把握时间付出，还发宏愿要深入人群，利益众生，这才是真正的持戒修行者。

同样是修行，一个令人慕名而来，失望而归。另一位不抱多大希望，听了他的志向和修为，无形中却起了恭敬、尊重之心。可见修行不在于时间的久暂，我们要天天自我警惕，即使才刚发心，若有这份精进、不懈怠就值得恭敬。

马脸先生和狮子狗小姐

我们常会看到一些老菩萨手拿念珠，坐着也念，走路也念，但常常是有口无心，一看到什么不如意就骂："阿弥陀佛！你这死囝仔！阿弥陀佛！你真没良心！"前面一句阿弥陀佛，后面却不守口德，像这样的念佛有用吗？

有的人心里念佛，认为心好就好了，为什么还要做好事？心好即是佛心，但是不做善事，如何让"好心"表现出来？有好的心就应表现于好的行动，以动作来念"佛的心"啊！所以，我说，光用心念佛，只能成就一半，若配合行动念佛，则当下就是佛的心行。

我曾看过一篇文章，作者描述他有一位小舅子，脸形令人一见就会想起马，甚至走在路上，有人向他问路，都会顺口叫出"马先生"，可见他的脸像极了马脸。这位马脸先生五岁时，爸爸带他到农校去玩，他看到草地上有一匹马，就跑过去非常感兴趣地注视着它，三四个钟头过了，要带他回家吃饭，他竟然看到忘了饥饿，说——我还要再看马！

马脸先生是家里九个小孩中唯一的男孩，爸爸最宠爱他，只好说："以后不论你什么时候想看马，我就带你来！"有这个条件交换，孩子才答应回家。

用过餐后，孩子又要求爸爸带他去看马。爸爸想，既然和孩子约定了就必须履行诺言，于是又带他去看。从此，每天都要固定时间带他去看马。渐渐的，这孩子爱马爱得入迷，随着年纪的增长，他的脸形和行动就愈来愈像马。

这位作者又描述他有一位远亲，是同辈分的表妹，她饲养一只狮子狗，而爱狗的程度比爱自己的父母姊妹更甚，甚至为了爱狗而放弃交男朋友，宁可终身不嫁。年久月深，她也是爱狗爱得入迷，不知不觉中，脸形变得很像狮子狗，一切生活习惯也很像狗；狗会模仿人的行为，而人也熏染了狗的习性。这位作家由此推衍出一个结论——我们的心想什么，形态就会渐渐接近它。

所以，佛陀常常告诉弟子，要好好培养自己的心念。若想成佛，要时时观想佛陀的慈祥庄严相，言行也时时谨慎注意，自然就会接近佛的境界。若经常记着别人对自己的恶形恶声、陷入是非的旋涡中打转，自己的脸色必然和对方一样难看，讲的话也必然难以入耳。

要多学习佛的慈悲，观想佛陀慈祥的面容，更要学习佛陀的智能法语，若能如此，那何时不是菩萨？何时不是佛？

善解怨仇的患者

我们日常的生活虽然很忙碌，忙时就让手脚去运作，心还是要很自在，不要因为忙，心就跟着烦与动，修行要修得定力，一旦失去定心，心就乱动了。我们要修得一份清净心，失去了清净心，心就会烦躁。我们虽然很忙碌，不过一定要做到日中忙碌、心清净。

每年农历过年，都有很多人来拜年，有一年，一位年轻人带着家人来，他说除了拜年以外，还要感谢师父。亲戚们也异口同声说："是呀，我们要来感谢师父救他的命，同时也救了我们的家庭。"

我问是什么事情？这位年轻人说："在一年前我做事业和人起了冲突、打架受了很重的伤，生命垂危被救护车送到慈济医院急救，终于保住了生命。当时我心中充满了恨，一心只想到：好了之后要报复。后来师父到医院来看我，您知道我是打架被砍伤后，您告诉我，身体受伤，不要连心也受伤；身体的伤可以用药医治，心若受伤则会时时犯错，冤可解不可结，退一步海阔天空，忍一口气就能一家吉祥平安。"

他说："我觉得师父说的话很有道理，冤冤相报，心中的恨会让我容易犯错，以后难免拚得你死我亡，那就太痛苦了。所以我决定原谅对方。出院之后，法院开始传我出庭，本来法院判对方六年伤害罪，但是我为对方脱罪，于是对方获得减刑，他们一家都很感谢我。今天我能够生活得很自在，家里的人不必为我担心，对方也不断地感激我，彼此变成了好朋友，这一切都是师父给我的。"

听到这些话，我非常感动，我们的目标就在这里，救人救身，同时也希望能够救他的心。社会之所以会有毛病，并不是人的身体有传染病，而是因为人的心理互相影响。人心若没有调整好，心就会作怪，一作怪人与人之间就会起仇恨，社会与家庭就动乱不安了。

正因为人群不能和谐，社会不能祥和才需要宗教，慈济四大志业，除了贫困的人我们要救助之外，对于富有而心不满足、充满了仇恨烦恼的人，我们也要去救他们。

开路老人养生之道

我们发心修行都有一个理想，所要追求的境界就是清净、无染的境界。但是娑婆世界很复杂，就像一个大染缸，很快我们会被吵杂所吸引，让世间的财、色、名、欲淹没了追求清净的心态。

我们的欲心和无明的念头，平时就胜过求道的心念，佛陀说众生平等，人人都有佛性。但是，凡夫和佛的距离却拉得好远好远，圣人的道心超越了物欲，凡夫的欲心却掩盖了道心，差别就在这里。所以我们要好好警惕自己，在日常生活中要有精进的心态，绝对不要受到物欲，或者吵杂的声音给淹没了。

有一天几位年轻人陪着一位精神矍铄的老先生来访。他手上拿着两本观世音菩萨灵感的碑文，一进到客厅就把这两本碑文送给我。

他开始谈自己和观世音菩萨之间的感应，以及他对观世音菩萨的恭敬，所以他做了这本碑文。原来他是当年跟随蒋经国先生开辟“横贯公路”的开路英雄，横贯公路由东到西，可以说是他们辛苦拼命、劳心劳力、历尽危险与风霜雪冻所筑成的。他们开路真的非常辛苦，老人幸运地一路走过来。

那天他说了很多观世音菩萨的感应，我们都在想，他走过那段路，做过那么多事情，到底他几岁了呢？我看他大约六十多岁，不过又想，六十几岁的人无法经历那么多事。

他很快地回答我：“我已经九十四岁了。”大家都觉得很惊讶，他说：“身体要健康，第一，心要放宽、不计较。第二，要吃得少、做得多。第三，既然要活就要多运动。”

这的确是养生之道，一个人如果不肯劳动，这一生将会活得很辛苦。若要生命充满活力，平时就要多活动，爬山休闲是一种活动，我们把这些时间拿来做事情劳动筋骨，这也是一种活动。

最值得我们修行人效法的，则是放开心量、不和人计较。大家如果都能做到以上三项，怎么会有什么毛病呢?

蟾蜍与大海龟

“娑婆世界”在觉者眼中是堪忍的世界，一切的苦患都集中在此。也许有人会想：哪里有什么苦？我们还不是过得很快乐，整天嘻嘻哈哈，日子很快就过去了。这是因为我们没有足够的觉性，欠缺警觉的智能；若提高警觉性，自然就能体会人生确实有很多苦，而且是苦不堪言。

有一个故事描述道，从前有一只很大的海龟，它原本住在东海，某天它想到西山去，于是就出发了。经过一个地方，那里有一口很大的井。正好有只大蟾蜍从井里跳出来，蟾蜍看见这庞然大物——海龟，很好奇地向海龟问好：“朋友，不知你从何处来？从来不曾见过像你这么大的动物！”

海龟自我介绍：“我从东海来。”又反问道：“你住哪里呀？身体怎么如此娇小？”蟾蜍说：“我就住在井里呀！”海龟看看井，它觉得那口井好小，可是在蟾蜍眼里却是很大的天地。它得意地向海龟说：“我住在这里非常安逸，若跳到井底，那里是个清静的境界；浮出水面，清凉的水就会浮载着我的身体；若是跳到岸上，还可仰观天际，这口井就是我的乾坤！”它得意扬扬地把井底的天地形容得很大、很美。

海龟说：“既然你说井底的世界这么好，又这么宽广，那我也来参观你的井底世界吧！”蟾蜍很高兴地邀请这位贵宾进去，于是领路先跳进去。这只大海龟抬起一只脚要踏进井里，结果连一只脚都无法容纳，何况是那庞大的身体！海龟赶紧把脚缩回来。蟾蜍跳出来问道：“你为何不进去呢？”海龟说：“我进不去呀！你描述的井底是海阔天空的世界，不知你是否知道东海的情况？”蟾蜍说：“不知道。”

海龟告诉它：“禹的时代有九年的水灾，这些水完全归入东海，可是东海并没有因此涨起来；还有，舜的时代有七年的旱灾，七年当中完全没有下雨，可是东海的水也没有减少。它就是这样不增不减，你想在那种浩瀚的世界中，是不是很快乐呢？不增不减的境界多快乐自在呀！”蟾蜍听了，仰着头、张口咋舌，但是，仍然无法体会那份“不增不减”、真正海阔天空的快乐境界。

人生不就是如此，岁月消逝了，我们的生命就逐渐减少，在时日的递增中，我们增加了老态与年纪，寿命却随之减少。因为有“增减”，所以会有种种的痛苦和烦恼。

有些人因为对未来有某种盼望，所以恨不得时日赶快过去。矛盾的是——我们过了一天，就少了一天的生命，若是生病即将寿终的人巴不得时间过得慢一点，这种增、减的心理实在很矛盾，有矛盾就有烦恼，有了烦恼就有苦啊！

学诚恳是真功德

佛陀在世时，社会上也有想追求佛道，并且抱着坚定志向的人。比如有一位很虔诚的长者，他没有什么祈求，只是抱着赤诚的心修行。

他常常供佛及僧，因为他知道佛陀和弟子们到外面托钵很辛苦，所以三五天就办一次供僧大会。佛陀身边的随行者，经常都有上千人，长者总是以平等心、欢喜心、恭敬心来供养，多年如一日。

后来他又发一个愿，希望将来儿子也能继承他的遗志，若不能像他一样时常供养，至少每年要办一次大规模的供僧会。他向儿子吐露了这番心愿，儿子时常看到父亲供养僧众后的欢喜，和安然自得的形态，所以也大受感动，就说："虽然我不敢与父亲发同样的宏愿，但您老人家交代的事，我不会忘记。至少每年，我一定会办一次大规模的供僧会。"

长者往生之后，这个家庭慢慢地没落了，家产也逐渐散失，可是长者子供僧的心志仍然很坚固。所以，每年都定个日子——十二月初八，这一天是佛的成道纪念日，就在这一天供佛及僧。

经过几年后，十二月快到了，但是，这一年是他经济最困难的一年，尽管如此，他还是尽孝守志一定要完成供僧大会。

供养的日子一天一天地逼近了，他也一天比一天更担心，因为要供养那么多人，需要很多钱，怎么办呢？目犍连尊者从他家门口经过时，看他还没有什么动静，回去就向佛陀说："这一次，长者子可能无法再办供养大会了吧！"佛陀默然微笑。

三天之后，长者子真的办了很丰盛的宴席，来供养佛及僧众。他已经没有钱了，怎么能在三天之内，把上千人的饮食准备好呢？原来他和太太到舅舅家，恳求舅舅借他百两金子。等到佛陀非常感动地为他祝福，也为他说法。佛陀和僧众回去后，他们夫妻好像卸了重担一样的轻安；虽然负了债务，心中仍有无限的欢喜。

到了晚上，他们正在收拾东西。忽然有一个人由远地而来，这个人自我介绍："我是你父亲的朋友，二十年前向你父亲借了一笔钱；今天忽然心血来潮，想到借钱未还，所以专程赶路把钱送还给你们。"打开一看不多不少，数目刚好是百两黄金，他们夫妻觉得很不可思议！

人生在世，要透彻认识身外之财，即使没有钱，只要有诚心和敬意，以坚毅愿力行于欢喜心，到头来还是不增不减。

要学诚恳的慈悲心和坚决的信愿力，并且所做的事都要以欢喜心去做，若能如此，那才是真功德！

因祸得福修慧命

大乾坤的万物随着风雨而破坏，但是它有再复苏的机会，因为大乾坤有一股看不见的能量；而人的身体存在的时间短，因此破坏后，再造的机会少。其实小乾坤中也有“慧命”，它是我们生命中的能量，即使今生身体的寿命毁损，也还有来生的春天！若伤了身体而能因此认识慧命，也算是“因祸得福”。

慈济医院里有过一个病例，病人是一位火车驾驶员，五月一日劳动节放假，他要带小女儿出去玩，见女儿的小手脏脏的，正弯下腰要帮女儿洗手，一辆轿车忽然撞击过来，女儿整个人飞出去，爸爸整个骨盆都被撞碎了。后来得知肇事者因在前面撞死了两个人，心慌想逃，结果又撞上这对父女。

这位爸爸被送到慈济医院后，被宣判终身残废，原本生龙活虎驾驶火车载送大量乘客的人，在一刹那间，却被小小的轿车摧毁了一生的功能。

这位不幸受伤的先生，虽然今生要使身体回复已无望了，但他如果能在病中好好体会人生的道理，业报受过之后，仍然可以拥有残而不废的功能。可以用口和手去做事，也可以现身说法，鼓励类似遭遇的病人，这样培养自己的慧命，也启发他人的慧命，那么虽然身体已毁伤，却能进一步认识慧命。

这就是慧命的“静养”。如果能认识慧命，那么身体虽然残障，也还会有一段美好的人生。

体悟生命的奥妙

佛陀利用种种方便法，以及人生种种实相来教育我们。方便法包括人对人口头上的教育；实相则是天地宇宙自然的真理。人生生、老、病、死的这些变化，佛陀都曾以种种的方法来为我们解释。

佛陀灭度后，有一位比丘名叫那先，他是一位有德有修的出家人。

有一回他游化诸国来到一个小国家，国王对那先非常礼遇，并请求那先为他皈依及说法；国王心中的疑问，那先便即一一为他解答。

有一天，国王提出一个问题："尊者常说世间的火燃烧时，若投下一个小石子，连续一直燃烧到隔天，小石头还是不会被烧掉。但是，地狱中的火非常猛烈，连铁石钢铜都会在瞬间化为乌有。可是您又说，若有人堕入地狱，虽然经过屡次火烧油煎，生命却仍有无数劫的时间，这种说法不是彼此矛盾吗？"

那先比丘以譬喻为国王解释，他说："国王，您是否看过母牛或母马？它们怀孕时必须吃更多的草。我问您，那些草吃到肚子里，是不是会消化掉？"国王说："当然是消化掉了！"

比丘又问："那么它们腹中的胎儿，会不会消化掉？"国王回答："当然不会消化掉呀！"比丘说："这和您的问题，道理是一样的。"他又以各式各样的海中生物为喻，来说明消化与不消化的现象。比如海虾、海胆，它们以海藻为生，如果它们腹中有卵，是否会和吃的东西一起消化？国王说："当然不会。"

于是，那先做了一个结论说："堕入地狱的众生，他们在人间造了很多恶业，死后堕在地狱，他们还是永远处于地狱，不会消灭。"

那先比丘已融会佛陀的教化，俱足智能，所以，当国王提出问题时，他可以用种种的方法为其解说，开启国王内心疑窦。

佛陀循循教化弟子，无论是从前的弟子，或是两千多年后的修行者都应依教奉行。佛陀当初透悟了生命的奥秘，大自然的生态及人生世间的业力，所有的法就依此分析而衍生出来，今天我们要体会了解这番道理，也要用心啊！

会说话的双胞胎婴儿

若有一念之差、一步之错，往往“差毫厘，失千里”。

佛在世时，他在舍卫国为弟子说法。当时王舍城附近有一个乡村，村里大约五六十户人家，都是以耕作维生。其中有一位孕妇十月怀胎期满，顺利地产下一对双胞胎，两个孩子长得很可爱，胖胖的看起来很福相。

因为家里很穷，孩子的爸爸为他们取名一个叫“双德”，另一个叫“双福”，希望福与德双双临门。

有一天，孩子的父亲很早就出去工作，太阳出来后，他觉得非常疲倦，即提早收工回家。孩子的母亲出外捡柴火，父亲回家后，就到卧房躺下休息。此时，才出生两个月的双胞胎躺在隔壁房里，看看四周无人，便开口互相对谈。

双德说：“可惜我以前修行已经接近解脱的境界，只因动了一念——以为人生是苦，生命短暂，所以希望到天堂去享有长久的寿命，并且期待天寿尽时，能再生到人间为帝王，或是诸侯、大长者，享受人间的福报。只因有这种念头，前生又未造福因，所以堕落到这个贫困的家庭，睡的是草铺的床，身上盖的是破毯子。”

接着双福也说：“是呀！修行若没有好好正心净念，必定会堕落。像我贪玩之心一起就不顾道业，因此也生到这个贫穷的家庭。”他们两个不断地对答、慨叹，隔壁房里的父亲虽然躺着，却没有真的睡着，他听到两个孩子竟然会讲话，大吃一惊，以为自己听错了。

于是蹑手蹑脚地跑过来看，明明是这两个孩子没错，才出生六十天的婴儿竟然会互相对答！他非常惶恐，认为孩子一定是鬼怪，要来破坏他的家门。因此，他赶快到田里收集一些干柴，准备把两个孩子烧死，正当他把干草堆好、准备点火时，孩子的母亲回来了。她看到丈夫异常的举动，赶紧跑过来阻止："为什么你要烧房子呢?"丈夫告诉太太，孩子会说话，是鬼怪投生要来破坏家业，所以趁他们还小，先下手烧死他们。

太太很不忍心，毕竟她是母亲，所以苦苦哀求，最后丈夫无奈地说："如果你不相信，我们就再等待机会吧!"

隔了两三天，这对夫妻仍旧把孩子放在床上，说声："你去田里工作，我去捡柴。"夫妻就双双出门去了。两人到了外面又折回来，静静地躲在屋外的窗户下等着。果真这两个婴儿还是唠叨满腹，又说："生在这种贫困的家庭，连吃的东西都没有，又乏人照顾，像这样要等到什么时候才会长大，才有出头的一天呢？唉！想到过去生修行时，衣食无忧，多么自在呀!"

此时，连孩子的母亲听了也觉得很害怕，便同意先生把孩子烧死。正当危急的时候，佛陀出现了，他面带笑容摸着孩子的头说："他们不是妖怪，也不是鬼啊！他们过去生确实是修行者，刚开始很用功修行，只是因为一时起了妄念，生前又未造福因，所以堕落为贫穷儿。在前生他们即互相扰乱道心，所以即使再投胎也两人一起来，现在又互相抱怨责备。"

从这个故事，应该要知道修行看来容易，实际上心念的变化却不易控制。对于工作，有些人认为："虽然辛苦，不过没关系，我以欢喜心去做。"这就是修行，心净念净，心静则不动，念净则无妄。

用慈施悲发挥良能

有一句话给我的印象很深刻，就是“道可道非常道，名可名非常名”，这句子我常常看见，也常会浮现在脑海中，就像佛陀说的“言语道断”。所谓“言语道断”指的是可以说出来的话，往往无法表达内心的道理。“道”是人走出来的，真正的“理”也要由人去意会，如果自己不去实行、体会，那就真的是“道可道非常道”。

曾有一位慈济委员的父亲往生了，其他委员结伴要去助念。结果在路上看到一场车祸，他们远远地看到一辆又高又大的联结车，将一位骑单车、后座又载着小孩的妇人撞倒。

旁边有些人在惊叫，但是没有人敢靠过去，轮子底下的妇人痛苦哀叫，却无法拉出来，只好将车子再往后退；等于她的腿从骨盆以下被车子辗过来又辗过去。那时，交通警察过来，看到妇人也束手无策。我们的委员就自告奋勇跑过去，扶起受伤的妇人。

妇人一直在找她的孩子，委员一回头，看到车轮底下一堆血肉模糊的脑浆，孩子的头部已经破碎。她赶紧以背遮掩妇人的视线，并且安慰妇人：“和我们无缘的孩子留不住，就像我们师父常说的——母子亲眷的缘，好比是舞台上的一场戏；在舞台上，他的台词、角色演完就必须下台。他现在跟你无关了，我们赶快来为他念佛，让佛祖把他带走!”

佛教中有一句话“用慈施悲”，委员看到那种情况，马上就能起于行动，这就是“施悲”。“用慈”则是以内心的爱去加护于她，除了为她拔苦之外，还呵护她，尽量不让其他人的闲杂话来打扰她，请当事者多念佛。

事情过了之后，有很多人对委员们能奋勇救人都很赞叹！她们却谦虚地说：“这没什么，是师父平时教我们要启发良知，我们才能把握机会发挥良能呀！”对，师父常告诉大家，若要明心见性就要启发良知。

但只有良知有用吗？本来人人均有佛性，也有爱心，可是只有爱心而没有发挥良能，那有什么用呢？我们一定要真正发挥它的功能。那位妇人就在慈济委员们的扶助下送到医院，把这件事办妥后，她们再继续到原本预定的路程——去为委员的父亲助念。

这就是真正的“道”，道是由人做出来的，“理”也要在实践中才能真正体会。

慈济委员遭抢记

修行就是为了"止"住烦恼，让烦恼不再绵延下去。烦恼止，自然福德就会产生，人若无烦恼就不会去分别你错我对，你愚笨我聪明。我们若用平常心来对待人，爱护人，就是在培养自己的福缘。福缘是由付出而得，付出大爱，叫做"无缘大慈"，常常给人快乐，如沐春风，这就是在积存福德因缘。

我们若有"观"的功夫，便能"由观而生慧，为智德庄严"。观，就是要时时反省，对周围的环境时时观察，对一切事物圆融。对一件事情，如果欠缺透彻的观察，往往会有不当的措施，所以我们要细心地观察事物，内心常存"观"字，就能产生智德来庄严自己。

很多烦恼、罪业的产生都是因为欠缺了"止"和"观"；相反的，很多福德的累积，也是由止观而完成。比如，慈济人能运用止观，所以懂得自我警惕，也不断地付出良能。自我警惕就是"止"，付出功能即是"观"；警惕自己则不再造业，观察周围外境则能应变发挥功能。

有一位才出任不久的慈济委员，她平时中午都不曾回家，偏偏那天她觉得很累，所以中午回到家就到卧房歇息了。忽然，有人掐住她的脖子，她极力挣扎、张开眼睛看到一个年轻人！虽然心中很着急，她仍保持镇定，脱口叫出"阿弥陀佛，阿弥陀佛！"

年轻人说："你如果再出声，我就掐死你！"这位委员赶紧静下来，一直默念着"观世音菩萨，观世音菩萨！"年轻人说："钱放在哪里？告诉我实话，就不伤害你！"委员说："柜子上有一个皮包，我刚缴了会款，所以里头只剩一百五十元，如果你要东西，我都戴在身上，你都拿去没关系！”她又说：“我是慈济的委员，如果你有困难可以告诉我，相信你是有困难吧！”

年轻人大约只有二十多岁，他一听委员的话，竟然马上跪下。当时委员愣了一下，心想：这年轻人似乎良心发现了！于是继续安抚他。

年轻人说：“我很对不起你！不过我真的有困难，你这些东西先借我，我一定会还你。”那时，委员把年轻人扶起来，说：“不用还，不用还！有困难可以来找我，我会帮你！”于是开了大门让他出去。原本可能发生的一场灾难，因为委员的福德和智能，终于化干戈为玉帛。这就是平时训练出的止观功夫！

放大心量，观照无常

人生之路要走得平稳安适，必定要让路给别人通行，所以说："让人一步则山高地厚，心宽一寸则海阔天空。"而凡夫心往往很狭窄，窄得连一粒沙的冲撞都会让人死去活来，何况普天之下，人与人之间的事如此烦杂。

很多人对我说："师父，我好苦啊！别人经常刺伤我的心，我好难过，心好痛！"不知道是什么东西让他觉得心痛？静静地想，其实是因为心量狭窄自私的缘故啊！如果心量放宽大就能百毒不侵。

有位老太太告诉我她有一子四女，心里很烦恼。我说："那很好命呀！怎么会苦恼呢？"她说："儿子快四十岁了，还不肯娶太太，女儿有的四十多岁，有的三十几岁，也都还没结婚，所以我很烦恼，看到人家带孙子多热闹啊！白天大家上班去了，家里就只剩我这个孤单的老太婆。"

其实若冷静想一想，她应该是一个很幸福的人，不必有婆媳不和的烦恼，也不用忍受女儿嫁出去的寂寞孤单，所以，她算是很幸福的人。

人生，端看以何种角度去衡量，而多数的人都甘愿有"业"的牵绊，如果没有他会觉得很失落，但真的有种种的业时，他又觉得很痛苦。自己画个小圈圈，多一个人进来，他就觉得很狭窄；少了一个人，他又觉得很空虚，这就是"凡夫心"。

心宽一寸，路让一步

把心量放大周遍虚空，自然会海阔天空，无所谓宽，无所谓窄，这也就是我常常讲的——要有包容的心，像虚空一样包容天下的众生。天地覆载万物，不论是香是臭、是好是坏全部包容，也不管是拥挤，还是稀落都不在意。总之，外境对它根本就毫无影响，所以我们的心应该要像“大地虚空”一样的宽广！

有一天早上，佛陀在精舍讲经，阿难出去托钵，进到城里看到很多人起早来赶集。市集里有人卖东西，有人买东西，也有人以物易物，还有人表演歌舞，以赚钱为生。他经过这么热闹的地方，好奇地跑过去看，听见锣鼓喧天，舞台上有人唱歌，有人吹箫奏乐，也有人在演戏，扮演的是一位武官。

阿难会心一笑，觉得人生如戏，然后离开市集去托钵。等他托了一钵很丰盛的食物，预备要出城时，他看见刚才的那场武戏已销声匿迹，完全没有一点儿声音，也看不到一个人。他再往前走了一段路，看见一群人在那里痛哭，仔细一看，原来是刚才在舞台上吹箫歌唱的那些人，刚刚还扮演文武百官，现在却痛苦地哭成一团，再仔细瞧瞧，原来是舞台上最耀武扬威的那位武将，已经过世了。

阿难心里很纳闷，因为刚才扮演武官的那个人，看起来有万人不敌之勇，怎么会在短短的时间里，突然死掉呢？阿难回到精舍，就把这些事情告诉佛陀，佛陀说：“这有什么好奇怪的呢？我还看过比这个更奇怪的事情！”阿难问道：“是什么事呢？”

佛陀说：“有一天，我也去托钵，走过一个很热闹的地方，看见有人在演戏，我就这样走过去。当我托钵回来之时，那场戏仍在上演，而且正演得热闹，大家看得好欢喜。我看了觉得没什么，还是和平常一样地走回来，这是不是奇怪呢?”

阿难说：“这是很平常的事啊!”佛陀说：“就是这样！人生在世，我们的心要时时保持静寂，像虚空一样。普天之下，事物千变万化，这是很自然的事。生老病死也是很自然的事，人命生死在呼吸间，有什么好大惊小怪的，大惊小怪就是心已被外境所转!”佛陀看一切众生的生死异灭，完全就像自然的景观一样。

我们如果能够训练出这份心量，时时心宽一寸、让人一步，这才是真正不简单的人生，如此，不论遇到再大的事，都会安然度过。

卷六

珍惜因缘，把握现在

我们要受持于“现在”。“现在”的机会多么重要！

一点点的缘我不忍让它流失，由少积多，这都是因缘累积的，而因缘则要掌握于当下的“现在”。

宁静的道场

“静”就是道场，静心就是道心，静可以摄受人心，我们平日的受持就是希望达到心灵的“静”。心静不是由外在的环境得到，而是要心境住于静，心若是静不下来，即使在很宁静的环境中，念头仍会妄动不息。如有静心的功夫，即使是在动中，也一样像处在宁静的道场。

修养我们的自性，要如何让心静下来呢？首先必定要去除欲念，先把我们的贪念断除，若能扫除贪瞋我慢，断绝爱欲痴念，那么心就容易静下来了！人生最美的境界，就是处于心灵宁静的境界。

佛陀在世时，有一位波斯匿王，他是领导人民的权威者，而佛陀是领导人心的天人师。有一天，国王想起了佛陀，带领很多大臣到佛的精舍去。那时佛陀正在对大众开示，弟子们围绕着佛听讲，国王远远地就感受到一股宁静、祥和的气氛。

尽管他带着一群浩浩荡荡的大臣、兵将，也被这股宁静的境界慑住了。国王回头吩咐大臣们要肃静，不可喧哗，并且要大家放轻脚步，安静地走进佛陀说法的道场。他们坐下来听佛讲法，等佛陀讲完了，国王就来到佛陀的面前，不由自主地顶礼膜拜。大家看见堂堂一国之君，对佛竟然如此恭敬，心里都觉得很不可思议。

国王说：“我对佛陀的恭敬由来已久，而且是打从内心的恭敬，只碍于自己是国王，有领导全民的慢心，所以每次见到佛陀却无法下拜，今天好不容易地折服了‘我慢心’！”

他说：“身为一国之君，若想杀人，或是两国交兵，只要一声令下便可办到，但虽然有权势，每次宣布法令时，周围的人却喧哗不已，令他无法掌控。

然而，每次佛陀讲经时，场面都很宁静美妙，刚才要进来时，有两位比丘在讲悄悄话，后面来了一位比丘，从背后拍拍他们的肩。讲话的比丘回过头，后面的比丘以手势告诉他们‘要肃静’！他们就马上静下来了。整个场面即使是几百人、几千人或是几万人都很宁静。佛陀可以调理众生心，众生的心让佛调伏得只有唯一的‘静’，万万人的心却只有一念，这确实不容易。佛陀以德来领导，降伏人心，所以由不得我不生起恭敬心，折服我慢而向佛陀膜拜！”

其实，自古以来人的脾气、性情都相似。过去的人，他们也有贪瞋痴慢疑等习气，而现在的人难道没有吗？过去的人可以“得一善而拳拳服膺”，他们可以降伏心境，不只是三五人，也不是三五百人，而是几万人、几十万人在佛德的化导降伏下，人人都有一个共同的目标“静心”，他们降伏了贪瞋痴，折断我慢幢，生起真正的恭敬心。

过去的人如此，我想现在的人也是如此，静的境界确实可以度化、摄受人心。只要我们守好自己的本分，净化自己的心地，自然可由每个个体所形成的整体，去影响社会，净化全世界。

公修公得，婆修婆得

我们无法为别人减少业障，也不是某人往生后，光靠别人为他做功德回向便可超生，这是很难的。俗话说："公修公得，婆修婆得；公造公业，婆造婆业。"每一个人种了如是因，必得如是果，绝不可能某人造了业，可由其他人为其超度。

比如吸收营养或饮水，自己口渴，唯有自己去喝茶才能解渴，别人能代喝吗？功德修为和这种情形一样，还是得靠自己啊！常常有人动不动就说要做什么回向给别人，好像自己是很有修为、很有功力的人，其实我们的行为、修养还差一大截呢！即使是佛陀，他本身的业也要自己消。

佛陀本生经里有这段记述：佛在过去生里，发了大愿也造了很多善因，因此他成佛了，他的福慧俱足，所以能够化导众生的心。不过，虽然他已具有大福慧，但是仍然有头痛症。有一天，舍利弗就请问佛陀："为什么世尊还会有身体病痛的业报？佛是天人师，已经超越三界，应该是没有业报了，怎么还会有头痛症呢？"

佛陀即为弟子们说了一段故事——在很久很久以前，有一个村子因为干旱多年，所以地面的农作物完全无法生长，大家都很饥饿，必须从很远的地方输运粮食，那时一斤黄金才能换到一斤米，粮食非常缺乏。较贫困的人因为饿得受不了，只好到坟场捡死人的白骨，洗净煮了拿来充饥，那是多么凄惨的旱象！饿死的人很多，营养不良而病倒的人更多。

那时，有一群人住的地方靠近池边，池塘里有很多鱼，这群人就围住池塘，不让其他的人进入。他们依靠池塘里的鱼，勉强维持生活。有一天，村人到池里捕鱼，捕鱼的人把网撒下去，鱼儿被捕上来了，有大的、有小的，网子放在陆地上，等开了网，里头的鱼拼命地跳。那时村里有个八岁的小孩，他也跟着大人来。小孩看到有那么多鱼在那儿挣扎跳蹦，他好高兴，拿根小竹枝往鱼的头上敲，鱼跳起来，他就敲一下，乐得直拍手。

当时，有两条较大的鱼就怨怒地互相对话，它们说："人在陆上、鱼在水中，根本可以互不侵犯，为什么人类要来侵犯鱼界的众生呢？我们不犯人类，而人类竟然把我们抓上陆地，让我们呼吸困难，又要遭受煎炸、粉身碎骨之苦，这样的仇恨，将来我们一定要报！"

佛陀说："大家知道吗？过去无量劫前，因为有这种恩怨，所以后来迦毗罗卫国全被消灭，被谁灭掉的呢？被两个人灭掉，一个是毗罗琉璃，另一个是名叫好苦的人，这位好苦唆使毗琉璃王，因此发动大军灭了释迦族。那时的两条大鱼就是现在的毗琉璃王和恶口大臣，迦毗罗卫国所有的人，就是当时村中的捕鱼人。当时那个八岁的孩童，见杀欢喜、看到鱼被抓起来高兴得拍手欢呼，又因为好玩敲打鱼头，所以惹来头痛的毛病，那位孩童就是我！"

佛陀已万德圆满，也还有余业要受报，要等到果报尽了，业才会消。佛陀是如此，更何况我们凡夫。

起心动念造作业

时时刻刻起心动念无不是在造作业因。

过去无数劫以前，有位年轻的长者子，他身体有病，经常病得医师束手无策。那时，有另一位年轻人，他父亲是位老医师，细心地把医术传给他，这位年轻人也很用心地学习医药的调制和治病的方法。

那时，长者子病得很严重、非常痛苦，因此贴出告示征求医术超群的名医，并且公告若能治好他的病，必能得到重金赏赐。学医的年轻人看了告示就把它撕下来，到长者子家里去为他把脉、看病，又为他开药，病人吃了药，结果药效很灵应，病情一天天减轻，直到康复。

长者子病好了，却不肯付钱给医师。年轻的医师没得到应有的报酬，不过他也不很在意，即离开长者子的家。过了不久，长者子的病又复发了，痛苦难堪，不得不再请人把医师找回来，医师又开药给他吃，结果病情又控制了。可是长者子还是食言，不肯付钱。医师气得搬到远方。

一段时日过去，长者子又病了，他派人去找那位医师，可是医师已不知去向。长者子病得死去活来非常痛苦，他叫家仆无论如何要把医师找回来。这回长者子下定决心要把医师留在身边，而且要以重金赏赐他。

经过几天，终于找到了那位医师，医师却很懊恼，因为长者子一而再、再而三地欺骗他，实在欺人太甚！每次病好了，就忘了疗病的恩情，不肯拿出报酬来。医师心里暗下决定，这次开药不再对症下药，只开些应付的药。因为没有对症，所以长者子的病愈来愈严重，终于断了最后一口气，那位医师就这样眼睁睁看着长者子过世了。

佛陀说："诸比丘！你们可知道吗？那位长者子就是现在的提婆达多，而医者就是我。当时一念之差，未能殷勤去救他、眼睁睁地看他病死，因为造了这个业，所以我曾堕落三途，经历过地狱各种苦刑，又曾经过畜生道、饿鬼道。但是，我一直没有失去道心，现在才能福慧俱足，成为三界之师。由于一念不慎，至今不论我生在哪里，总是有个对头提婆达多；除了他对我的障碍之外，还有我自身的余报——腰酸背痛。"

筋骨酸痛这个毛病，常常使佛陀很不方便，因为他必须弘法，到处去度化众生，再远的地方也要走路去，可是经常筋骨疼痛，这就是过去生失了少分善念，即种下无法计数的劫难。

起心动念、举手投足，无不是时时在造因造缘。在道场中修行，如果举止失当影响到别人，就会种下以后处处令人心烦的因。在日常待人处世中务必谨慎，经常要站在别人的立场为他考虑。

少女清道夫

一九九〇年，我到台中演讲，于演讲时呼吁大家以鼓掌的双手，做垃圾分类，清理家里前后的环境。如果每一位都能做到，那我们的社会就没有垃圾问题了。隔了一个月再到台中，有一位很年轻的小姐来看我，她说："上个月我听到您的演讲，您说到垃圾分类。我很想为您做一些事，也一直想向您学习，但是却没有机会，这次您谈到垃圾分类，我觉得这件事我可以做。"

我问她："你怎么做呢？"

她说："我利用时间到附近的每一个家庭去，拜托他们把垃圾分类，又把您说过的话告诉他们，请他们把纸类收集起来，若有罐头、汽水瓶又另外放，色拉油的瓶子也放一堆。然后每一周我就去收一次。"结果许多家庭都受到感动，愿意跟她配合，她也真的每周都去回收一次。

她把这些东西送去卖，每次可以卖到一千多。她问我："这个月的所得有五千多元，我想以'慈济人'的名义来捐，不知道可不可以？"我说："当然可以，你的精神很可嘉呀！"

她是一位很年轻的女孩子，看来大约只有二十多岁。师父说的话，她牢牢记在心里——想学一技之长来当义工；又家家户户去拜托人家做垃圾分类，收集的结果，每周还有一千元的收益。社会上如果人人都像她一样，怎会有垃圾问题？

再说她若无一番明净的彻悟，如何能够放下人我之相，到别人家里去拜托他们做垃圾分类？这就是"破除我相"，只要对人类有贡献，她就去做，这难道不是实"证"的结"果"？

破除我相并不是一件容易的事，至于身体力行更难，而她难行能行，这就是最难得而美丽的人生！

尽心的爱

佛陀曾说："善解方便难。"我们平常听法，知道心、佛、众生三无差别，可能就认为我有爱心、有慈悲心，了解佛的教法，如此和佛的境界就差不多了，何必再去拜佛？其实，这是错误的见解。不错，人人有佛性，本具的智能与佛同等，但是，凡夫与佛毕竟还有一段心路的距离，必须一再地调理改进，还得在人群中互相和睦、勤行精进。

有位弟子请问佛陀："要怎么做，才能达到佛所说的慈爱？"佛陀说："尽心去爱、尽量去爱、尽一切的时间去爱，尽虚空遍法界，爱所有的人、事、物。"弟子无法了解，他认为修行是要辞亲割爱，但是佛陀现在要他尽心、尽力、尽量去爱，这是为什么呢？

佛陀又告诉他，大爱是和睦的润滑剂，有大爱和体谅，彼此才能融洽相处，就像车轮需要有润滑油一样。人与人相处需要友爱、互相礼让，保有一分爱心、爱你周遭的人。听法的人仍然无法深刻了解，佛陀就以更浅近的话来说明。

佛陀说：例如有一位商人出门行商，身上带着一个包裹，包裹里有很多金钱，但不幸在路上遇到强盗，强盗不仅抢了钱，还把他打得半死，商人血流满面，伤重倒卧在地。

当时远远来了一个人，看到商人身受重伤倒地不起，虽然他看了，却没有伸出援手，就从商人的身边走过。另一边又来了一个人，也看到商人倒卧在血泊中、呻吟哀叫求援。但是，看了一眼又从伤者的身边过去了。

第三个来的人，看到受伤者血流满面、哀叫连连，他不忍舍离，即靠过去，把自己身上带的酒拿出来，用酒为伤者擦拭脸上的血，又用药敷在他的伤口上，然后背着伤者到一家客栈。在客栈里，他喂伤者吃饭，并且为他预缴几天后的住宿费用，又细心的交代客栈主人，要他代为照顾伤患。

佛陀说："诸位听听这个故事，第一个人不理睬伤者；第二个人也自顾自地往前走，他们认为事不关己、不见为清净，所以不受哀求之声所动。后来的人见了这一幕，很自然从内心起了大爱之心，他用心照顾伤者，甚至带他到安全的地方，这就是爱。"

见众生苦而生起怜悯心，去发挥爱的良能，甚至不顾自己还得赶路，天气冷时，他必须有酒来温暖身体，天气干燥需要以油涂身，他把生活历程中最需要的两样物质完全施用出去，这就是尽心的爱、尽量的爱，也是尽力的爱。

修行不能忘掉大爱的功能，爱是真妙法，也是方便的受持。真法就是佛陀说的大慈悲心，以种种不同的方式去施用即是方便受持法。大爱、慈悲原本就是千古不变的道理，而发于行动时就是方便的法门。

剑道家的故事

日本有位在剑道界极负盛名的剑道师，名叫柳生。他的父亲也是一位很有名的剑道者，小时候，父亲就一直要造就他，希望他能继承衣钵。但是，不论如何训练，总是无法调训得很好，他的父亲非常失望，最后气得把柳生赶出家门。

柳生被赶出家门后，他下定决心要成为一位剑道武士。于是，他去拜访当时在日本最有名的剑道家武藏，柳生低声下气，为的是要拜师学艺。武藏看到柳生也认为他不是可造之材，因此不想收这位学生，但是柳生为了圆满父亲的心愿，下定决心，一再地要求武藏收他为徒，武藏只好勉为其难地答应。

柳生急切地问老师："我学了剑道，需要多少时间方能成名？"武藏告诉他："要投注你今生所有的时间。"他想，尽一生的时间投入，那不就永无成名之日了！可是父亲年事已高，他唯一的希望是能看到儿子于剑道成名，要到何时才能让父亲看到自己的成就呢？

他又要求说："我愿意付出极大的代价，在您座下，我愿意做其他人不愿做的事，什么样的苦工我都愿意做，希望您能让我尽快成就。"武藏听后，觉得他很有诚意，就说："好，让你在十年内成功。"但柳生认为十年还是很久，又问："可以再快一些吗？"武藏说："那就二十年吧！"柳生深感奇怪地问："为何刚才说十年，现在反而要二十年呢？"

看到柳生的神情，武藏说："那就七十年完成剑道吧！"柳生很着急，时间年限愈拉愈长，要怎么办呢？武藏解释说："我看你是一位急功好利的人，你没有耐心，欲速则不达啊！"柳生恍然大悟说："好，那我就投注毕生的时间于剑道吧!”

柳生在武藏门下开始学习，但是武藏限制他，不能摸剑，不谈剑道之理，只让他不断地做杂役，不论煮饭、扫地……全部让他一人包办。一年过去了，他都不能摸到剑。两年过去了，还是不能论剑法。三年的时间熬过了，仍然只被允许在庭院和厨房的范围之内。他也已被练就了“等下去、等下去!”的这分耐力，他专心地打扫庭院、煮饭作菜，毫无埋怨。

有一天，武藏从背后偷偷地靠近他，手中拿着一把木棍，当头一棒袭击他，柳生吃了一惊。隔天，武藏还是趁其不意给他一记闷棍。开始时是一天不定时的偷袭一次，再来是一天两次，然后次数愈来愈多，甚至当柳生睡觉时，也会意想不到地受到突袭。所以，他不断地提高警觉。稍一疏忽，他就会吃到一棒木棍，因此，他的警觉性被训练得很敏锐。

后来，他的老师满意地笑了，说：“你手中拿起剑来，就以你平时的警觉性去练习，必然会成功。”从此开始让柳生练剑，果然造就了一位声名轰动的剑道家。修行在举手投足之间，从不离开“禅”，其他一切技艺功夫也未曾离开禅，大家时时摄心，常常下功夫啊!

欢喜心，消业障

修行最主要的是修养，要培养快乐的心念，要有包容之心，不要在意让人占便宜。

慈济医院志工告诉我几个案例，让人觉得很感慨，这几个个案的当事人都是无法忍耐的人。有一位年轻的太太和先生吵架，一气之下从五楼跳下去，造成重伤半身不遂，在医院中住院五六个月，下半身还是无法活动，多么痛苦的煎熬呀！

另一件个案也是因家务事想不开，喝毒药自杀。当事者被送到急诊处时，医师为他灌肠，急救得好辛苦。患者也被折腾得很痛苦，急救了好久，不知这条命能否保住？吃了剧毒之后，即使命再救回来，他的喉咙和肠胃已受到极大的伤害，功能很难恢复。这也是因一时想不开，吞不下一口气造成的憾事！

还有一位商人因欠了一千多万的债务，债主不断地追讨，他受不了追逼而上吊自杀。

生于人间要懂得忍耐，无“业”不会来投生，若缺乏忍耐的功夫，肯定无法快乐地生活。在堪忍的世间，要记得于日常生活中，不要使他人痛苦，应给人快乐；自己遇到逆境时，要忍得住一时之气，否则自毁身命，那就太不值得了。父母给我们身体，养育之恩重如山，若不懂得好好发挥功能又伤毁自身，真是大不孝呀！

我们也要了解生于世间，不论严寒、饥饿、酷热都得忍耐，看人家的脸色也要忍耐，一切都应以宽容之心去接受。无忍耐心的人，绝对不会宽容；有宽容心的人，就是忍耐功夫已经练成的人。被欺侮的人，应抱着欢喜心、消业障的心接纳。欺人者则要及时悔悟，赶紧培养宽广的心，时时用心让别人欢喜，这才是真正和乐的世界，佛陀的净土也不过如此而已！

布施点灯，光明在望

什么叫做光明灯？过去寺庙没有光明灯，只有“长明灯”。从前有座寺院，每到黄昏时，寺内就变得昏暗，于是住持尼师以铜钵盛油点灯，以增加大殿的光明。

古时候人民的生活比较贫困，佛寺的生活一样刻苦，而尼师希望这盏灯能够永远亮着，光明的气氛能让人心灵欢喜祥和。所以他不只在晚上点灯，连白天也点。当时人们食用油很欠缺，哪还能够使佛前的灯油不断呢？但是他还是坚持心愿，于是常提着两个空瓶子，到信徒家中化油，将人家吃剩的油一点一点的收集起来。

这样一天顶多只能化二瓶油，而整天点灯实在很耗油，必须每天沿门化油才够用。日子久了，信徒们觉得不忍心，就说：“我们去拜佛时，会带些油过去。”从此信徒拜佛时，半瓶也好，三分满也好，点点滴滴的将油带到寺里。

后来油不仅足够还有余，除了点灯，也可供出家众食用，尚有余油就存放在仓库中。年底清仓时，尼师就让弟子们将油一瓶瓶送给贫困的家庭。村中贫穷的人家都非常感激。

信徒慢慢知道寺里需要灯火，因此来点灯的人增多，油也愈积愈多，一年不只发放一次，有时也会好几次，所以这座寺院创造出地方上“富者布施，贫者得施”的美意。自此开始，其他寺院也在佛前点着明灯，这就是“长明灯”的由来。

近年来，长明灯已由油灯变成了用电的光明灯，许多佛教徒都会捐钱点大座的光明灯，可知光明灯愈做愈大，以前的灯油没用完就拿去布施，现在的光明灯则已失去布施贫穷的功能。

社会需要大家拿出爱心，也需要佛教徒拿出虔诚的心，爱与虔诚必须合在一起，更必须要“有智能”的引导，点燃人人的“心灯”，才能福慧双俱。

傲慢心阻碍进步之路

佛陀在世时，有一天带着弟子们在池边坐下，有一位比丘问道："佛陀，阿难尊者经年跟随在您的身边，他的记忆、智能都很高超，为什么大家都证得罗汉果，偏偏阿难心中还有烦恼，这是什么因？什么果？"佛陀说："好，大家听我讲这段因果。过去迦叶佛时代，有一个国家的国王为了要让太子能够知书达礼，就派人贴出告示要选一位德学兼优的人做为太子的老师。其中有一位婆罗门学者的确德学深厚，于是被选为太子太傅。

这位太子太傅是传统族性的贵族，他有一个儿子非常聪明，父亲被选为太子太傅，自己又是贵族，无形中就有一份骄慢之气。太傅子有一位好朋友，家里非常贫穷，是个手拉坏师傅，但是太傅子和这位朋友是一起长大的玩伴，感情很融洽。这位朋友从小父母双亡，他的手拉坏器物不卖钱，只用来交换米麦等资生之物，他淡泊无欲，心境非常清净。

有一天，他和太傅子在一起时，他说："听说我们城里来了一尊佛，他和弟子们生活清净超然，佛的智能非常高，我们是不是去拜见佛？"太傅子非常骄慢，他说："有什么好看？他们只不过理光了头，披上袈裟而已，有什么道可学？"说完返身就走，毫不停留。隔了几天，他们又在一起，手拉坏师傅又对太傅子说："佛和弟子们在茅蓬结夏讲经，你陪我去，我们一起去拜见佛。"太傅子听了又反身要走。

手拉坏师傅说："要不然我们去游泳玩水吧！"于是，两人就结伴去玩水了。两人正玩水时，他指着不远处的茅蓬说："那里就是佛和弟子们的精舍，离这里很近，我们赶快去拜见佛吧！"太傅子很不高兴，闷声不响地走上岸，把衣服穿好后反身就要跑。手拉坏师傅拉住太傅子的衣服不放，说："今天一定要去，不能让你跑掉。"太傅子干脆把衣服脱掉再跑。朋友又拉住太傅子的裤带不放，太傅子嫌啰嗦，把裤带解下又跑。朋友情急之下伸手扯住他的头发。太傅子心里大惊，因为当时印度有一条法律"捉人头者处斩刑"。太傅子心想：我的好朋友甘冒死罪拉我的头发，这必定是一件非同小可的事！至此，太傅子才深受感动说："好啦！你放开手，我跟你走就是了。"

两人来到迦叶佛前，手拉坏师傅虔诚地跪拜顶礼，太傅子却骄傲地站在那里。迦叶佛还是很慈祥地招呼他们坐下，然后以智能辩才和庄严的形象折服这位傲慢的年轻人。太傅子不由得五体投地向佛求皈依。从此，两人就在迦叶佛座下修行，并且互相鞭策鼓励。

佛陀讲完故事后，说："你们知道那位引导骄傲的太傅子进入佛门的人是谁吗？就是我释迦牟尼呀！那位骄傲的太傅子又是谁呢？就是现在的阿难尊者。他当时虽有智能，却因傲慢而自我障碍，三次拖延了见佛闻法的机会，以致现在尚不能证得罗汉果位。"

这个故事警惕我们不可有傲慢的心态，有骄傲之心就会障碍自己往前进步的路。

觉性与肉心

平常，人与人之间，如果以前很亲热，现在很冷淡，就会说："某人变心了！"心如何变呢？现代的科学已证实人的一切举动和兴趣不是从心而来，"心"只是供应生存的原动力而已。现代的科学界认为思想由大脑所控制，它会指挥人的动向，大脑是不是我们所讲的转动境界或被境界转动的力量来源呢？

说不定将来医学界会进步到可以换脑的程度，大脑受伤也可以做换脑移植，到那时，我们就知道脑和心一样只是一种物质，能让人感受到现前的境界，却不包括过去、现在和未来。比如眼睛的眼角膜和视神经，视神经完好，但眼角膜破坏，只要置换眼角膜就能恢复视力，而喜欢绿色的人也不因换了眼角膜而变成喜爱蓝色。

人的觉性与兴趣绝不因器官更换而改变，人的性格则受制于"业"，好善之人不是短时间所形成的，偏向恶者也不是短期所成，两者都是由长时间培养，是深藏于心的观念。"心"非肉心，而是如来藏——业识的种子。种如是因，加上外缘就有果报现前，善缘来了，若有善的种子存在即被启发，能不畏辛苦地走向善道；不论举手投足、开口动舌完全趋向善的行动。

反之亦是。有人说："酒不醉人人自醉。"有时是自己的业因烦恼现前，而不是外境有多大的引力。心专则不受一切外境所动，心若不专，风吹草动无一不是让人心动的原因。

心易受引动也是一种习惯，修行就是要修到时时有稳重的定力，能够分别内外之境，有自主的心念。不是心去招引外境，或受外境所招引，一切只因心识轻浮才易受摇动。

心如顽童不理他

常常听到有人问："师父，当我静坐时，心念却经常往外跑，很难掌握！"我告诉他："你要放轻松，不必太刻意，'一定要让心念静下来'这一念仍是动念。静坐时就念佛，佛号若因杂念起而消失，当发觉时，要赶紧再提起念佛之心，把心找回来便可，不用再想'为什么我不专心'——这一念就是杂念心啊！记得赶快再念佛就好了。"如此训练，自然成为习惯。

有一位慈济委员说："有时因为太爱孩子，不免会管教他，但是想调教孩子，却反而引起孩子的反抗，倒不如不管他，家里人全都说好不理会这顽皮的孩子。女儿爱看电视不用功读书，家里父亲和姊姊们，大家不管也不理她，她看到全家人都不理会她，就乖乖地走进房里，把门关上，过一会儿自己又跑出来向我说：'妈妈，我有话跟你说。'"

委员又说："那时，我就板着脸说：'谁是你妈妈，你平常又不听话，现在又叫妈妈。'女儿说：'你不听，我也不说了'我说：'好呀！你不想讲那就等到想讲的时候再来。'女儿说：'好嘛！我说嘛！'"

女儿说："我已经长大了呀！"妈妈说："怎样算是长大呢？"女儿说："我现在愈来愈懂事了，而且觉得样样和别人计较争吵，是自己的心太狭窄了，我应该放宽心量、容纳别人，现在我已经都想通了！"又说："以后当我发脾气时，你们就别理我，不要和我讲话。"妈妈问："为什么？"女儿说："因为发脾气时，我根本不是人，听不懂人的话，所以你们别和我讲话。"这个孩子才十三岁，竟然说出这番话。

对待孩子如果一味地溺爱、宠爱，或稍有过失，身为父母的就很在意，反而会让孩子无法分辨对或错。若是管教而孩子不听，就暂时不要理睬他，聪明的孩子会自己反省，知道全家人都不理他，必然是自己错了。

我们日常生活和心理的修养也是如此，心经常向外跑，心猿意马，要以适当的方法调伏。有时同样的境界却产生不同的心态，同样是声音，远处的念佛声让人心境更加虔诚，近处的嘈杂声却让人不得清静，因为“道不同”呀！心愈是不能安静，就放轻松一些，不要刻意排除吵杂，心自然会安静下来。心像是一个顽皮的孩子，也像乱跑乱撞的猴子，要顺境去调伏，但不是放纵，若真的很不听话就“不理他”，懂得这些方法，心自然就容易调伏了。

珍惜因缘，把握现在

不论是善业或是恶业，都是在“现在”的一念中产生造做的，如果错过“现在”，必然会后悔。佛陀于菩提树下成道后，决定要到鹿野苑转法轮，度五位随他离宫的修行者。半路上，有一位年轻人看见佛陀就欢喜地虔诚顶礼，说：“您的老师是谁，为何我一看见您就生起虔诚恭敬的心？”佛陀说：“修行要透彻真理，理入于心即是法；过去无师，现在我以法为师。”

年轻人又问：“您要往哪里去？”佛陀说：“我要去转法轮，把每个人的凡夫心转为圣人心，去除众生的迷惘和贪瞋痴，让人人有喜舍布施之心！”年轻人说：“祝福您！我也是要去找老师，想要修行，希望我们后会有期。”于是挥手告别。这位年轻人遇见佛陀却又错过机会。

佛陀到鹿野苑，以无师之道、普天至理大转法轮，度了五比丘。不久，有消息传来——那位年轻人尚未寻得名师，即因意外而丧生了！若是他知道把握“现在”、与佛有缘，则第一位接触佛法的人是这位年轻人，而不是五比丘。佛陀从菩提树下往鹿苑的途中，不知有多少人曾遇见佛陀，却都错失良机，虽然遇见了却又擦肩而过。

这个故事可以给我们一些警惕，我们要受持于“现在”，“现在”的机会多么重要！我常说，慈济四大志业就是把握机会累积而成。当初的那一念“为佛教、为众生”深深地印在心中，往后的缘，我也都加以把握，于是成立了“慈济功德会”，由小而大，一点点的缘我都不忍让它流失，由少积多，这都是因缘所累积的，而因缘则要掌握于当下的“现在”。

最愚痴的人

平常，人人都有贪瞋痴的习气，在家人所贪爱的是财、色、名、利，修行人则贪取功德智能。修行人若动不动就说："我这样做有功德，我这样可以得到智能。"一举一动总是离不开"有所求"，有"求"的念头即是贪念。有人认为自己的举止动作、所做的一切无不是功德，无不是智能，因而非常贡高骄傲，表面上看来他有智能，其实是最愚痴的人！

智能不是由"贪"与"求"得来，也不是自我标榜，别人就会承认，总之，修行要无贪无求，也不需要自我标榜。佛陀在世时，也有这样的弟子——家境非常好，因看到佛陀的庄严与僧团和谐，毅然舍弃家庭到僧团出家。这位弟子出家后，名利心仍然未断，并且非常傲慢。

佛陀知道后就请他过来，问他："听说你很勇敢，什么都不怕，你的智能很高超，是不是真的呢?"这位弟子回答："我既然辞亲割爱，这是大丈夫的行为；如佛陀所说以智能之剑，斩断情与爱，这是智能利根，难道不是吗?"佛陀又问："你真的什么都不怕?"他回答："我身体健康，在僧团中一切活动方便，所以没什么可畏惧!"佛陀说："你还要好好磨练你的'无畏惧'，也要好好表现你的'无畏惧'!"

于是，佛陀要他到山林里住几天，若是心里完全没有恐惧，能够忍受一切外境考验才算真的勇敢坚强，佛陀要他表现给大家看。这位弟子也很刚强地说："在树林下住几天，这有什么难!"于是，他就上山去了。

到了树林下，他盘起腿来静坐。渐渐的，天色暗了，风也增强了，阵阵冷风吹来，风声树影沙沙作响，他不禁生起恐惧，觉得周围有很多声音在叫他，他一直想控制自己的心，却没办法。于是，心里想道——“我在家里要什么有什么，还有那么多人侍候我，为什么要加入僧团呢？为什么要过远离人群，独居在黑暗山林的生活？”他愈想愈害怕，也愈后悔，好不容易熬过了一晚。

终于天亮了，他想——总算熬过了，这也没什么，如果现在回僧团，别人会笑我，我还是再试试看！白天过去了，黑夜又逐渐降临，虽然有月亮，但是照得树影更狰狞，风又阵阵加强，尤其山谷中传来鸟兽之声，猫头鹰粗厉的叫声，让他胆颤心惊，身体畏缩无法端坐。那时他心里又想——我只有两条路可走，一条是还俗，一条是赶快回僧团……终于天色又渐渐亮了，他的心里仍犹豫不决。

此时，佛陀来了，已经度过两个夜晚，佛陀慈悲地来探望这位弟子。弟子见到佛陀，就像迷失的幼童找到慈母一样，五体投地向佛陀礼拜忏悔，他说：“佛陀，我过去自认为很有智能，可以超越一切；又认为身体刚强，可以忍受磨练。却不知道内心如此软弱，我很害怕、很恐惧，也很忏悔！”佛陀说：“这就是你的心灵之病——第一是贪求，第二是我慢，第三是痴念。现在你知道了，那就回到僧团，找有智能的人为伴，好好向舍利弗、目键连、阿难他们看齐吧！”

佛陀的弟子群中有各形各样不同的人，习气个性不一样，他用智能让弟子们自我磨练，让他们亲自面对外在的环境而去除贡高与痴念。三人行必有我师，若是和愚痴的人相遇，听到他自我标榜就要注意警惕，看到贡高骄傲的人，也要自己反省；若是遇见有智能的人，要向他学习，学他做事有条有理，态度谦虚。那么，就能渐渐根除自我贪瞋痴的毛病了。

自我的障碍是关键

佛陀说："罪由自障碍生。"自我障碍是最大的症结所在。佛陀放弃王位，出家修行成道后，广度无量众生。其父净饭王得知太子成佛，正在为普天下人说法，他非常欢喜，即派人迎请佛陀回到迦毗罗卫国，佛陀答应了，但是，时间却是三个月之后。

佛陀带着僧团浩浩荡荡地回到迦毗罗卫国，老国王得知儿子回来了，尤其是修行证果，所以他非常欢喜地领众亲自迎接。老国王看到众多的比丘僧，却认不出那一位是佛陀，因为已经离开十几年了，而且大家的穿着又差不多，不过，父子至亲，他终于认出现在的佛陀。

庄严的比丘僧团，使老国王自然生起恭敬心，于是向比丘众顶礼膜拜，再迎请入宫。佛陀进入宫中，欢愉地向大家说法。老国王听了也很高兴，他认为妙法不应只让大臣听闻，宫内的王妃宫女也应该有机会听到，于是，老国王要求佛陀再入宫说法。

三天后，老国王刻意地准备，迎请僧众入宫，佛陀又带着僧团来了，接受丰富的供养后，洗净双手端坐，国王即从座起作礼。佛陀说："我有一个要求，请国王不要多问、多作礼。"虽然如此，只要能供养佛陀和僧众，国王即感到非常欢喜，佛陀应供说法后离开王宫。

此后，宫中嫔妃经常设宴供养佛陀，其中，佛陀未出家前的太子妃耶输陀罗也要迎请佛陀供养。佛经中传说太子出家后六年，耶输陀罗才生下儿子罗罗，为此，她曾被指为不贞，并要将她投入火坑烧死。

当时，耶输陀罗抱着孩子对天发誓："这是太子的亲生子，我敢在此发誓，如果是，当我们母子投入火炕时，火焰自然化成红莲；否则，母子死于火坑中，也心甘情愿。”

果然，耶输陀罗母子平安地度过一难，不过，她心中总有含冤之慨。此时，佛陀回来了，孩子也已经长得活泼可爱，她希望能借着供养佛陀的机会，再洗清冤情，佛陀也答应接受供养。耶输陀罗做了一个“欢喜丸”，要从未见过父亲的罗罗献给佛陀，如果认对了，表示父子连心，她的清白也可以到证明。

佛陀带着比丘众来了，罗罗拿着欢喜丸站在那里，天真可爱的眼睛回视着比丘众的脸，每一位他都仔细地看，最后毫无差错地把欢喜丸送给佛陀，佛陀伸出慈爱的手抚摸孩子的头，并主动说法，他说：“耶输陀罗怀胎六年产子、罗罗身受六年胎狱之苦，这都是因过去生的造作和心理障碍之故。”

凡夫谁能无过，犯了过失要赶紧革新，改过之后即无罪。可是，有人改过之后仍然存有疑虑、无法除去心中的罪恶感，让自己的生活经常存有这份疑虑，这样如何感受到欢喜？

日月王子的故事

上一篇谈到耶输陀罗为了洗清六年怀胎之冤，请佛陀和僧众入宫应供，罗罗不偏不倚地把“欢喜丸”呈献给佛陀，亲情的力量真是奇妙！净饭王看到这一幕，他心里很欢喜，但也存着疑惑，不过佛陀第一次应供时即要求不要多发问，所以他也不敢多问。

现在已经证明罗罗真是佛陀的孩子，净饭王满心欢喜，但又充满疑惑。佛陀知道他的心念，即自动说法，佛陀说：“过去无量劫前，有一个国家，老国王有两个儿子，一位单名为‘日’，另一位单名为‘月’，日王子和月王子两人感情非常好。有一天父王即将临终，他把两个儿子叫来，说：‘我的生命已经日薄西山，王位将由你们兄弟相续继承。’”于是老国王过世了。

办完丧事，两个兄弟开始推让王位，弟弟尊重大哥，认为应由兄长接任王位，而哥哥却从小就有厌离之心，不喜欢处于世俗中，兄弟俩为此推让不已。后来，日王子就说：“我若是当国王，所发出的命令不知是否有效？”弟弟说：“当然有效呀！”日王子说：“如果有人不肯服从，是否要接受重罚？”弟弟子回答：“身为一国之尊，该赏该罚是你的权责啊！”

于是，日王子说：“我现在接受王位，而且要发号司令，我一直想出家修行，无心于国事，现在我要完成这个心愿。所以，要命令你代替我的位子。”月王子说：“那怎么行呢？”日王子说：“不行就要受罚。”弟弟只好以恭敬心接受命令。日王子的随从听到王子要出家修行，也有很多人追随。日王子觉得责任重大，所以领众出宫后，他非常用功修持，那怕是一滴水、一粒沙、一粒米，若是未得允许，他绝对不贪取。

但是，当地面积非常广大，修行又经常要外出行脚，在广漠的路途上，有时看到河水、溪水或泉水，可是，这些都是自然之物，到哪里去找主人呢？久而久之，他也就顺其自然，见到溪水、泉水都会自动取水解渴。

有一次，他走到一个村落，觉得口干舌燥，而且身体也很久没有洗涤。这个村落的人家并不是家家有浴室，而是用布围成一个简单的澡堂，他看到一间简陋的浴室，探头一看，里面已经有人准备好洗澡水，但人又不知去向。他在那里等了很久无人来用，又口渴难耐，于是把缸里的水捧起来喝了一口，又等了很久还是没人来，因燥热难耐他就用缸里的水沐浴了。

沐浴之后，修行者身心轻松地离去了。可是，愈行愈远，心里愈觉得自已犯了盗戒，何况已有一段时日“盗取”了天地之物！他愈想愈觉得自己罪业深重，因此非常苦恼。弟子看他如此苦恼，就说：“您不如回去向国王请罪，因为国土中的物质都是国王所有，您可以去请罪呀！”

修行者认为这是个好办法，于是，亲自回到宫中向月国王请罪。月国王看到兄长回来非常欢喜，领着众人迎接他。修行者一见面就说：“我是一个罪人！”于是把自己的“偷盗”行为全盘托出。月国王听完修行者的叙述，觉得非常好笑，认为这些怎能算是罪业呢？但是日仙人却一直要国王治他的罪。月国王无可奈何，只好说：“那从今开始，我把所有的天然之物开放，一切树木水土所生之物，僧人都可以自由取用。”

日仙人说：“您现在大赦天下，但是，我的罪是犯在赦令之前，您一定要治罪。”国王无法可想，就说：“如果硬要我治罪，那就请您暂时在宫中罚站吧！”日仙人欢喜地接受。月国王因国事忙碌外出，竟忘了日仙人还在宫中站着，等他记起时已经过了六天，日仙人仍站在那里。国王心里非常惭愧忏悔，立刻请日仙人自由行动。

日仙人受到责罚之后，心里很轻松，因为罪业已经消除了，于是欢欢喜喜地离开皇宫。可是，月国王却深感愧对兄长，所以心理产生很大的障碍。佛陀说到这里就对大家说："你们知道吗？这位日仙人就是我的前身，为了守持微细之戒而回宫请罪。月国王即是罗罗，他让兄长站立六天，因此深感自责，心里产生障碍，所以他后来有六年胎狱之果。"如是因，如是果，起心动念、言语行动很要紧，必须非常注意。

善护心念，不造恶因

再接续前二篇，佛陀说：“在很久以前，有一对母女，母亲带着女儿到牧场取牛乳，因为路程遥远，来回有十二公里，所以一大早就出发了。”

挤好牛乳之后，有一桶较多，一桶较少；母亲年纪老迈，就叫女儿拿重的那一桶。女儿听从母亲的话，提起桶子跟着母亲走。母亲又说：“路很远，你要走快点，太阳就要下山了，会来不及做晚餐。”女儿拿着沉重的桶子，母亲又要她走快点，愈想心里愈不服，忍不住放下桶子，向母亲说：“牛奶暂时放这里，我去方便一下。”

女孩子找了借口，径自空着手回去。母亲在路上等了很久不见女儿回来，只好双手各提一桶牛乳，勉强走完六公里，回到家全身腰酸背疼，看到女儿早已空手回到家里，忍不住埋怨道：“为什么没有一点体贴的孝心呢?”此时，女儿也深感惭愧，为了一时偷闲，让母亲如此辛苦。

佛陀说：“当初那个女孩子就是耶输陀罗，为了一时动念，让母亲备受辛苦，走完巅簸危险的六里路；种如是因，得如是果，因此今生怀胎六年才产下罗罗。”于是解开了宫中所有人的疑惑。

修行之人必定要注意自己的心念，心念一差、行动一错，人生道上的因缘就会很坎坷。

最有价值的人生

人生的价值真的很难厘订，“最诚恳的爱”才是标准的价值观。

日本有一位小说家，他的文艺小说令日本青年为之倾倒，甚至于迷恋疯狂。因为他的描写细腻，把人与人之间的感情叙述得淋漓尽致。有一天，一位禅师和小说家相遇，禅师说：“我认识你，你是很有名的作家，你既然会写小说，一定能讲非常好听的故事。”小说家拍拍胸脯说：“没问题，我可以讲得出神入化。”“可以指定故事吗？”“可以。”

禅师说：“我希望听桃太郎的故事。小时候，母亲把我抱在怀里一边讲故事一边拍着我，每次故事还没讲完我就睡着了。所以，我每次想起母亲就会想到这个故事。希望你讲桃太郎的故事，让我一次全部听完。”

小说家听了颇为惶恐，说：“我可以讲给你听，但是，给我一些时间整理，等我理出头绪再讲给你听。”禅师说：“好。”经过一年，小说家遇见禅师：“我一直找你，要把你想听的故事讲述一遍。”禅师回答：“没时间。”小说家觉得很可惜，当初放弃机会，现在要讲，禅师却没时间听。

又过了三个月，两人再次见面，小说家问：“大禅师可否拨个时间让我讲故事给你听？”禅师回答：“没兴趣。”再经过六个月，小说家说：“禅师，我讲故事一定比你母亲精彩高明得多！”禅师终于说：“其实，你再怎么讲也不会比我母亲讲得好。因为母亲是抱着诚恳的爱心为爱子而讲，所以孩子听得安然入眠。你却是以知识分析所讲述的故事，怎能让我听得安然？母亲讲的虽然是未完的故事，不过，我非常珍惜它！”

价值观没有确定的标准，学问精深博大是否深具价值？依我想，赤诚的爱才是最好的标准。具有诚恳清净的爱，不论走到哪里，都会受到尊重敬爱。想要受到别人重视，最好的方法是以诚恳清净的爱待人处事。

老先生的七十五万元

人要注意自己的心态，一切的因缘与果报，都是由一念心而起。心一动念即表现于行动，因此成就了善恶业缘，而果报的来临则有时间迟早的差异。有位慈济委员带着年近八十的老先生来找我，老先生有个心愿，就是见我一面。

见到我时，老先生说："我已经满愿了！太高兴了！"接着转身向身边的媳妇要来一包东西给我，打开一看原来是钱。

我看他们穿着朴素，就问："这些钱你一定存了很久，对不对？"老先生说："不算什么啦！师父做事需要用钱，这七十五万可以用于建设！"非常诚恳的语气。

后来，我又问他："你怎么有这些钱呢？"老人家说："师父！我有一间供奉地藏菩萨的小庙，人们去拜拜后会捐香油钱，那些钱我都不敢擅自取用，所以就全部整理好，给师父用于建设。"这是一位非常有智能、能造福的人，他知道"利益众生"的道理，懂得如何应用钱。

如是因、如是果，因缘果报确实不昧。我常说要照顾好自己的心，心念正确，将来得到的就是好的果报。

小孙子当老师

我们平常都生活在粗相的活动中，很少关心微细的事物，其实，粗相的活动并不背离微细举动。佛陀告诉弟子们“莫轻小事”，微细之事不可忽视——莫以善小而不为，莫以恶小而为之。

平常人常因善小而不为，认为做那一点点没什么功德，所以不肯去做，要知道一切大善事都是由小善累积而成。也不能因恶小而为之，小恶不断，终成大恶；若以为恶事先做无妨，以后再弥补，这种心态都是极大的错误。

在日常生活中，有时开口动舌也会惹来很多麻烦，那怕是一句无心的话，却带来误人误己的后果。

几年前，有一位老菩萨带着七八岁刚上小学的孙子来见我。她的孙子常问祖母说：“阿嬷！您怎么不会讲国语呢？”阿嬷心想我活到这一大把年纪，却常让孙子说不会说国语，于是去参加晚间的补习课程，从基本发音开始学起。

老人的记性较差，上课回来后有时会忘了怎么念，她就叫孙子：“来！来！小不点。”那位老菩萨抱着好玩的心这样称呼，结果，孙子看她一眼却不肯过去；祖母又叫，孙子这回连头也不抬一下。祖母问道：“阿嬷叫你，你怎么都不回答？”孙子说：“您叫谁啊？”祖母说：“当然是叫你啊！你怎么不过来呢？”孙子说：“阿嬷！我不是叫小不点！这样称呼是不尊重人，而且，您要我教您读书，我就是您的老师，可是您这样称呼我，我讲的话您怎会记得呢？老师说过要‘尊师重道’呀！”

这位老菩萨吓了一跳，说：“我的孙子真的很棒、很乖！”那位小孙子才读小学，他讲的话令阿嬷觉得有道理。的确，我们待人处事应遵循于理，像这对祖孙确实是讲理啊！这位老菩萨现在国语琅琅上口，因为她重视细微之事，即使是孙子所讲的话，她也谨记奉行，因此她能够成功。

佛陀与调象师

佛陀在世时，住在祇树给孤独园，每天都有很多弟子围绕在佛的身边，国王大臣也喜欢亲近请法。一天，佛陀讲完经便问一位居士："你是谁？从事什么工作？"这位居士非常高兴且紧张，他很虔诚地向佛顶礼，说："我的工作是为国王调伏大象。"因为印度人以象为交通工具，小象就必须加以调驯，长大才能胜任工作。

佛陀问他："你用何种方法训谏呢？"调象师回答："有三种方法，第一，用铁钩钩住象口；第二让大象减食；第三鞭打大象的身驱。"佛陀问："为何要如此训练？"调象师回答："钩住象鼻是为了制伏其刚强之性；减食则防止大象过于粗犷；鞭打是要让它驯服温和。"

佛陀又问："驯伏大象有何用途？"调象师答道："驯服的象可以当坐骑，甚至战争时也可以冲锋陷阵，进入战地。"佛陀说："你对象的性情很了解，又能让它驯服，但是，你有方法调伏自己吗？"调象师听了，不禁低下头来，原本得意扬扬、抬头挺胸的态度消失了。他自我反省，才知自己贪瞋痴俱足，习气一点也无法调伏，于是说："非常惭愧，我还不知道要如何调伏自己。"

佛陀说："你调伏大象有三种方法，我调伏众生和自我调伏也有三法。用至诚调伏口业，人与人之间以诚实语相待。再用至慈调伏内心的刚强，一切行事均以利益人群、爱护众生为主，再刚强的众生，只要以大慈爱对之，必能加以调伏。第三，我以智能调伏众生的瞋和痴。"

佛陀以这三种法自我调伏后，再去调伏众生。希望大家有这种"功夫"，以"至诚调伏自己的口"，口和则无诤；其次，"至慈调心"；再者，"智能调贪瞋痴"，这是修行最重要的三法。

来不及

想要做的事，想要修的法，有时如果没有及时把握，就会错失良机。

佛世时，有一位国王的好友非常有钱，他用香瓔珞刻成一朵美丽的莲花送给国王，国王收到后转而供养佛陀，因为国王觉得如此宝贵的礼物唯有佛陀堪于接受。国王的好友是位极富有的长者，可惜不喜听闻佛法，因此，国王把长者赠送的宝物供养佛陀，并请示：“我要如何接引他修行呢?”

佛陀说：“你转赠他这件宝物，也可回赠他一份礼物。”国王问：“他非常富有，毫无匮乏，要送他什么呢?”佛陀说：“可以写下十二因缘法，再为他讲解。”佛陀说完即先为国王讲解十二因缘。国王把十二因缘法寄给长者，长者看后，顿悟佛法的圆满，原来人生的生死过程完全不离十二因缘法。于是，长者把家业全部放下，落发现出家相，要去拜访佛陀。

一天，他走到一家烧窑店，因天色已暗，这位现出家相的长者向老板请求借宿，老板是虔诚的佛教徒，就说：“可以呀！不过，早些有一位比丘先来，你们可能要同住一间屋子。”他欢喜接受。进到屋里，先来的比丘和他互相认识后，就为他解释由佛陀那里听到的法，也说了“人命无常”的道理，两人欢喜投机地谈了整晚，直到天亮才分手。

这位一心一意要拜访佛陀的长者，半路上不幸遇到一只发狂的牛，因走避不及被牛触伤，当场肚破肠流往生了。先前那位比丘看到后，回去把所见之事告诉佛陀，佛陀十分感叹。

人生无常，把握当下，莫有“来不及”之憾！

哑巴和尚掘井解旱灾

传说在安徽省有一个地名：彩石矶，得名的来源有一段很感人的故事。当地曾经有好长的时间没有下雨，所有的井水都陆续干涸。附近人家为了取水，必须越过几十里如沙漠般的黄土路，有人因此跌伤了腿，有人想利用牛车来载运，可是牛却突然暴毙。大家心怀好奇把牛的肚子剖开，发现牛肚里装满泥沙，可见当时人和牲畜都受到极大的折磨和损害。

那里一座山丘上有间寺院，里面老师父带领弟子修行，弟子中有一个哑巴和尚，全寺的用水皆由这位弟子去担提。哑巴和尚听说大家提水困难，就到观世音菩萨法像前虔诚跪求，虽然无法讲话，但是内心非常虔诚地祈祷。突然间，他全身发热，热气集中到双手，他心里一惊，接着冒出水珠。

他觉得此事奇怪无比，赶紧跑到方丈室找师父，老和尚听到他吱吱呀呀的声音，又看到他满手的水珠，就说："是观世音菩萨对你启示吧！菩萨的意思是：这次的干旱别无他法，唯有借重你的双手才有救。"哑巴弟子听了，灵光一现——与其跪求菩萨，不如用双手的力量来扭转。

他跑到寺外，每跑三步就丢一颗石头，"以石探水"，忽然一处草堆中似乎有股水雾，他想起师父的一句话"青霞起处心有泉"，插了一根棍子做记号，就开始破土挖井。

挖着挖着，回想起自己幼年的遭遇……原来他并非天生哑巴，当年，他还是牧童，歌唱动听，口齿也伶俐。那时同样发生干旱，家乡里一位大财主把全村唯一的泉脉封锁，断绝水源，乡人渴得无法忍受，到处寻找水源，结果找到一口废井，里头的水已经发黄。小牧童看到有水，不管水是清是黄，马上捧来喝了一口，水一到喉咙又热又辣，他想要喊叫，却只能发出咿咿呀呀。从此成了哑巴。

那时，同伴们要他一起回家，但是，小牧童不回去，他担心还有人会来喝这口井的水，所以决意守候在井旁，直到百里之内的人都知道这是口“哑泉”，他才到寺里求依止。哑巴和尚一边掘井，一边回想过去，又暗下决定：若掘出水时，第一口我还要自己喝，若是哑泉，喝了会死也心甘情愿。于是，他不断地挖掘。白天担水，晚上就去开井，只利用静坐来调理身体，渐渐的，哑巴和尚愈来愈消瘦。

老和尚发现他日渐消瘦，暗中跟随后发现他的计划，于是，往后师徒俩就结伴开井，其他人并不知情。有一天，老和尚想走出大殿，可是全身无力，又回到佛前的座位。

弟子们发现师父有异样，赶紧围过来。老和尚以微弱的声调说：“哑巴弟子天天晚上去掘井，希望大家发心帮助他，也祈求观世音菩萨助他一臂之力！”说完，老和尚安详往生了。弟子们跑到井边，发现哑巴和尚也已奄奄一息，但是，手中抱着一块大石不肯放开。大众把他扶到地面上，然后合力把大石头往上吊，一看，竟是个五彩缤纷的结晶石，继续往下挖，这口井真的冒出水来了。

哑巴和尚听到大家的欢呼，强打起精神咿咿呀呀地叫喊，年纪较长的人会意地说：“好不容易才挖到泉水，第一口水先请他喝吧！”于是，哑巴和尚喝了一口水，当水吞下，他奇迹似地恢复说话的功能，大家都非常惊奇与感动。哑巴和尚为了感念师恩，亲手把大彩石刻成香炉，供养师父。当地改名为彩石矶，也是为了纪念哑巴和尚挖井的辛劳。

旱灾时，哑巴和尚能够以双手之力，开出一口井，解除了百里之内所有人的危难，这是一件几乎不可能的事，但是，他做到了。

莫采花果鸟

传说，在大陆九华山附近有一个乡村，村里富有的财主霸气横行，硬要向毫无收成的佃农收取租金，于是逼死了一个家族。

家族中唯有一对父子幸免于难，他们翻山越岭爬上九华山，见到一座寺院里的地藏菩萨像，父亲哭得非常伤心，最后闷绝而死。

留下的孩子才九岁，要何去何从呢？后来，他在山林里以双手之力开垦花果园地，数年后，土地上长满了美丽的花朵，而且果树也结实累累。

某天，正好是七月三十日，那位霸气的财主也想去赶庙会，希望佛菩萨赐福给他。

土财主带着家丁往九华山走，途中发现一座美丽的果园，整片的花开得好漂亮，他就毫不客气地往花丛上一坐，又摘水果来吃。

此时，开垦果园的年轻人着急地问："谁践踏了我的花，采我的水果？"霸气财主说："不只要摘你的花果，连你的小命我也要！"可怜的年轻人就这样被家丁活活打死。

当地的山神非常愤怒，突然日月无光，四处无路可走，于是有的人撞到山壁，有的人掉落深谷，土财主和家丁全部横死。山神怜悯这位年轻人的遭遇，对着年轻人的尸体吹一口气，结果化成一只鸟，从此守护在山林中，叫着"莫采花果"的语调，所以当地就叫它"莫采花果鸟"。

这个凄凉的故事告诉我们，时时培养善念，爱护环境，对人对事应以善念相待。

领会与实践真理

诵经是为了指引前路，最好自己诵，从中可以得到指引，这样诵经才有意义。

我常说："经者道也，道者路也。"经是要让我们"行"的，不是给我们"念"的；念它，是为了让自己明白道理，进而懂得如何实行，经的功效就是如此。

现代人往往不知诵经的用意，某某人往生了，即想诵经回向给他，这是太高估自己了；修行是自己的本分，念经则是为了增长智识。

要回向给别人容易吗？母子至亲，血缘深厚，儿子有高学历，但母亲如果没受教育，还是不识字，不可能由儿子那边挪一些给她。

由此可见，念书也是为了增长智识，母亲的收获是儿子读书后，可以教而受之，受而用之，把所学的知识配合良知发挥于社会，对人群有贡献，受人肯定，大家也因此敬重其母，这就是对母亲最真实的回报和"回向"。

譬如佛陀，佛母生下他七天之后就往生了。他长大后，想利益更多的人，超越国家的界限，因此，离开了王宫，舍弃王位出家修行。

他决定修行时父亲已年老，希望都寄托在他身上，可是，他宁愿割舍亲情爱情，短暂的爱别离苦他愿意承受，就此出家了。佛陀的作为正如佛经中的真理：化小爱为大爱。

善用身体零件

有一位归国医生，很关心慈济，因此来参观慈济医院。

这位外科医师参观之后很感动，随即来精舍。我问他：“你用什么心态看病人?”他说：“当病人送进开刀房时，要专心工作，把病人的器官看成零件一般，肚子剖开，肠子拿出来，如同在修理汽车零件一样，一一整修。”

人，有眼、耳、鼻、舌、口，有脖子，有手脚……各有名称，各有定位，然而真正的“我”在哪里呢?

原来，人体的一切都是缘生缘灭，并没有一个永远存在的“我”。

我常说：“要借用这个身体，发挥功能良能。”勿使其功能残废了，应珍惜它，让生命的价值发挥出来，使它成为可贵的“法器”。

修行，要舍弃“自我”的执著，好好利用“假合”的身体，做对自他有贡献的事。

卷七

踏出爱的足迹

真正的人生价值是将生命发挥在对人群有用的时刻——以真诚的爱奉献自己的心。

所以要好好把握时间付出，不令人生空过。难得来到人间，要将爱的足迹深深地留下来！

一门深入智能开

佛教徒有三类，一类是信佛、拜佛以祈福者；一类是佛学研究者；另一类是修行者。第一类，信佛、拜佛者，有的是智信，有的是迷信，只信佛的神通威力，求佛保佑他，不求甚解，这是迷信的佛教徒；而深体佛陀的慈悲，信佛陀的智能超然、倒驾慈航、说法度众生，且能一心力行者，这才是智信的佛教徒。

其二，佛学研究者，他只相信佛陀所说的经典文字，沉迷于文字的教法，却忘了要身体力行。佛学有三藏十二部，佛法如大海，尽一生的时间来研究，未必能研究得完。三者中之最佳者为“修行者”：在佛法中酌取一门深入力行，并以恒心，从起点到终点贯彻始终，能专心体会佛法的真意，而且身体力行，这才算得上是真修行的人。

传说，安徽省有座山，叫“摩陀山”，山名的由来是：有一位老师父住于山中古寺，他只收了一名徒弟，弟子长得很有福相，看似很有智能，却正好相反。老师父教他经文，教前忘后、教后又忘前。后来没办法只好光教他念佛号——南无阿弥陀佛。但是，几个月后，这六字佛号他还是念不完整，于是师父说：“那你念两个字‘弥陀’好了。”而弟子还是念不好，把“弥陀”念成“摩陀”。

老师父只收了这位弟子，但经年累月的教导还是没有进步，他觉得心灰意冷，一气之下就下山云游去了。山上就只剩这位弟子一个人住。经过半年，老师父听说山上闹虫害，植物都被虫吃光了，连草也长不起来，老师父很担心，心想：我的弟子可能饿死了，他急忙赶回寺里探视。老师父意外地看到弟子比过去长得更高，又白又胖，身体很强壮。

师父问他："山中闹虫害，没有食物，你吃什么？"弟子只说："摩陀、摩陀。"

老师父很失望，离开半年，"弥陀"还是念成"摩陀"。老师父又问："到底你吃什么维持生命？"弟子还是口口声声说："摩陀、摩陀。"老师父实在无法了解。于是，他的弟子指着一堆白石头，那石头闪闪发亮；又拿了一口锅子加水起火，把石头放在里面煮，口中不断地念着"摩陀"，等到水开了，果然石头也煮烂了。弟子很恭敬地用碗装了供养师父。

明明是石头，竟然煮成一碗略呈黄色的食物，老师父觉得很奇怪，试着咬一口，竟如芋头般又软又松很好吃。食用后，全身轻安，半年来在外奔波的疲倦也消除了。老师父非常感动地说："徒弟呀！原来你只念'摩陀'也已经念出了摩陀妙法来了……"于是，寺名改成"摩陀寺"，这座山也命名为"摩陀山"，后来这位弟子被称为摩陀大师。

修行贵于专心。像摩陀大师，他能专一无杂，因此成就妙法。我常常说："想过去是杂念，想未来是妄想，最好把握当下的时刻，将佛法融会贯通，应用在日常生活中，这才是真修行者。"

老子的故事

过去的圣人多生于乱世，比如老子，在古圣先贤之中，他是一位大哲学家，他的哲学是从混乱的人间体悟出来的。

老子日常生活待人接物，无不具有教学的风范。当时，有一位自认“广闻博学”的士成锜，因经常听人赞叹老子，心想：“难道还有人比我聪明？比我更有智能？为何大家对老子的评价那么高？”因此，他就登门拜访老子。

当他来到老子的住处，一见老子便说：“我经常听人称赞你是大智能的人，所以特来拜访。但是我见到的和听到的却不一样。走进你的住处，好像进入鼠洞，满地丢弃的菜蔬、一片杂乱，你根本不懂得调理生活环境，枉费我迢迢来此，而你竟然是这么糟的人！”

老子听了毫无反应。来访者骂完转身就走。但当天，士成锜一直回想，心里觉得很奇怪我对人人称为圣人的老子破口大骂，把他比成老鼠，他一句话也答不出来，我应有胜利之感才对，但为何心里感而失落，这是什么道理？

当晚，他一夜失眠。隔天一早又去拜访老子，老子的表情和昨天一样，并无愠怒之色，也无排斥他的表情。来访者坐在老子面前，问道：“昨天我说了很多无礼的话，但是你一点儿也不生气；我自以为胜利了，可是心里却若有所失，这是什么道理？”

老子这时才开口说：“真正体会人生真理的人平等看待一切生物，不管是牛、马、狗、猫，或是老鼠，和人有多大差异呢？所以，不论你把我比成什么，我都不觉得是侮辱，因为生命之体是平等的呀！”士成锜听了顿有所悟，赶紧把座椅移到一旁，不敢和老子对坐，他觉得老子太伟大了，而自己忽然变得卑小幼稚。

他又继续请教："要如何才能真正体悟真理?"老子回答："你昨天来时摆着架势，目露凶光，由此可知你的心气浮动。要知道自以为是、傲视他人、喜好辩论之人，其心念必然不得自在。"

人人都有纯真的本性，但习性一起，处处要向人挑战，其实心中已有自性之贼，若能恢复纯真的本性，所谓的马、牛、猴、狗、猫……都是平等的，一切浑然忘我，则能和大自然融合成一体。

破除烦恼，以诚以正

佛陀教人修行的方法不离从内心表现出来的诚，“诚”字可以破除心中很多的烦恼。那先比丘和弥兰国王对答时，国王问：“修行最重要、最正确、最简单的方法，可否以最短的字句来表现?”那先比丘回答：“诚、实、孝、顺、精进、念善、智能。”这几句话很简单，但唯有真正实行才能免于烦恼。

何谓“诚实”? 不欺诈、从内心诚恳坦然地对待人，叫做诚。若是离开诚，就会违反种种规矩。佛陀时代有一群比丘到各地弘扬佛法，其共同的宗旨，即是五戒。

五戒是指不杀生、不偷盗、不邪淫、不妄语、不饮酒五种戒律；法由比丘口传，求教者接受实行，即是受了五戒。当时，大家都能持好五戒，整个乡镇非常祥和，几乎可以夜不闭户，白天东西也不会丢，全乡镇如同一家人。

有一位外来的人来到这个乡镇，他不曾听闻佛法，又看到许多牲畜到处游走，于是偷了一条牛回到自己村里，且集合村人宰牛。有人告诉牛主看到东村有人偷了牛，而且在他们村里的池子旁宰牛。牛主于是跑到那里理论。

偷牛的人却说：“我没有偷啊!”失主说：“有证据可循呀！你们村里不是有一口池塘吗?”偷牛贼说：“我们村里没有池塘。”失主又说：“我知道池边还有一棵树。”偷牛贼马上说：“村里没有树。”

这就是打妄语，做了坏事还想遮掩。而讲了妄语，他的心也一定很不自在，种种烦恼耿耿于怀，担心有朝一日谎言揭穿。

遗失牛的人受过比丘的教法，以诚信待人，相信对方的话，而返回村里。但是打妄语的人，心里却一直很痛苦。这期间，比丘也来到东村，偷牛贼心里有鬼，所以看见比丘远远走来，即赶快逃避。

比丘深感奇怪，断定他心中必有罣碍，于是上前与他对话。偷牛贼痛哭忏悔："我一时贪心而打妄语，因此，心里一直担心罣虑，非常痛苦。"比丘听了他真诚的忏悔，即为他传授五戒，并说："五戒之中最容易犯的就是妄语戒，你要非常注意！"

讲一句妄语就会降低自己的人格。所以，修行要很坦然，必定要诚实。有人问我："慈济是怎么做起来的？"我的回答也是："以诚以正"；以诚恳之心为社会服务，以最公正的心来处理一切事务，慈济的基础就是这样建立的。

家有一老，如有一宝

做人的基础除了诚实之外，不能须臾或离的就是“孝”；如果注重孝道，这个家庭一定非常幸福。人人都是父母养育长大的，虽然现代的年轻人常到外地创业，父母留在乡村，但也应该经常回家探视，关心父母的身体、生活起居是否安定。这样老人家就不会觉得孤单了。

可是现代社会偏偏“孤单老人”很多，虽然儿女不少，但是假日他们带着自己的太太、孩子去踏青，却从没想到要陪父母到那里散散心。人间世态有时会让人觉得很悲哀，为何很多人都无法体会年老父母的心呢？

曾听志工谈起医院里的一个案例：对老夫妻因为身体欠安，老先生用机车带着老太太要去看医生，结果不小心机车滑到水沟里，老太太被摔出去，老先生也擦伤。到慈济医院后，志工过来慰问照顾问道：“你家住哪里？有没有孩子？”老先生说：“有两个儿子、两个女儿，但是孩子都很不孝，尤其是儿子，从来没有回来探望过。我们生病时，孙子想回来看祖父母还要偷偷地回来，不敢让他们的父母知道，因为知道了会挨骂！”

身教是最好的教育方式，自己如何对待父母就是孩子学习的模式。自己将来也会老，孩子会长大，会出去成家立业，当自己生病时，孙子要回来探望，也会受到阻碍吧！

所以，做人最重要的是讲究“孝道”，而孝道要从小培养，才能深入人心。敬人者人恒敬之。孝顺父母的人，也一定会被孝顺。同样的人生，我们要比较如何做才会使人生美满幸福？纯真的孝是“真”，表现出来的行动是“善”，真和善合起来就是最美好的人生。

爱的循环

有一位慈诚队员的女儿来看我，流着眼泪对我说："感谢师公！我妈妈是委员，爸爸是慈诚队，爸爸妈妈和以前比起来，改变好多啊！现在他们两个人志同道合，我们的家庭很甜蜜、很温馨。"她自内心发出感恩与感动，以父母亲的志业为荣。

若能人人修十善、持十戒，这个社会一定光明而祥和，希望每一个人都能以身作则，持得住、修得正，奉献身心，来感动周围的人。以身感动周围的人，社会上会有更多人来投入，参与利益人群的行列，这就是"爱的循环"。

释迦牟尼佛来人间教化众生，只强调了四个字——苦、集、灭、道。这不论是大乘、小乘佛教，都离不开这"四圣谛"，佛陀说法四十九年，苦口婆心讲尽了人生的苦。人生真的很苦啊！大家可能觉得很奇怪，台湾这几十年来生活稳定，社会富有繁荣，这样的社会怎么会苦呢？说吃，人人有得吃，说住，我们也有得住，很多人生意亦做得顺利，要名有名，可说是要什么有什么；究竟苦从何来？

我们不妨借个境界来体会苦在何处，身在人世，浑浑噩噩，若是不知"三界无安，譬如火宅"，又不修善不持戒，各种乐极生悲、炙热逼身的苦，就会接连而来。那就好像在着火的屋子里，自己又烧起柴火，很快就会从这一幢屋子烧到了另一幢。

幸亏爱是对治热恼的良方，只要让爱循环，沛然运行成大爱，火宅终会变成清凉地。

天堂地狱弹指间

从一九九一年开始，我们就组织慈诚队到医院做志工，他们回到精舍的那天早上，我都会先与他们谈话，告诉他们："在医院可以看到地狱、天堂和人间。"

我告诉志工，在医院，要用眼睛听、用耳朵看——也就是说要真正"用心"去看每一个人；若用心，就可以听出人的心声，体会到真正的人生。所以，在医院一天的时间里，就可以看到人间天堂——志工在医院里娱乐病人，让脸色青黄、躺在病床上的病人，只要看到志工进去，自然欢喜的从床上坐起来；听到志工的声音，会和着歌声来唱歌。如此，很快就会把他们从痛苦的地狱拉到快乐的天堂，使他们充满了快乐。所以医院里，可以看到很温馨快乐的天堂。

有位志工曾说，来到医院，才能体会到人老了的确很苦，才体会到父母爱子女的心，也才知道老而没有子女关怀的那分凄凉。那天他刚好分配到三楼服务，三楼是小儿科及妇科。小儿科病童的父母甚至祖父母、姑姑、阿姨……所有的亲戚都非常关心的来探病，充满了人性的温馨。而在妇科病房的老太太，却没有人来探望，志工问她："阿婆，您的儿子、媳妇呢？"她说："他们各人忙各人的事，光照顾他们的子女都忙不过来了，哪有空来照顾我。"

同样是生病，小孩生病，三亲四戚都来到；老人生病，却被冷落在角落，这就是人生"老"之苦。佛陀告诉我们人生是苦，苦从何来？从病而来。有人生病可以得到很多人的关怀，因为此人曾经种下好因，集到好缘，结了好果；反之，就冷冷清清被冷落在角落。

佛心如灯，就是为暗角的众生绽放光明，志工的角色便是提灯照路的。

超级软件

医生对病人付出的是医学知识和功能，病人的心理则需要志工发挥智能良能。因此，志工是医院软件中的软件。志工平日在各行各业尽力，有的位居总经理、老板，也有一般上班族，他们可以出钱又出力，又回到医院服务，而且做得很高兴，这份赤诚的爱，更触发医护人员的良知。诚意的良知所发挥出来的，就是良能，良知良能，如车之双轮，爱，走得更远更稳。

有一天我到医院，在楼上的走廊，远远就听到一位妇女在讲电话，很大声地说道："你们不必来看我，我不是住在医院，而是住在大饭店里。我在这里很好，没空就不必来看我。"我听到这话就走了过去。原来这位太太前一天才坐在轮椅上让人推进来，隔了一天，就能自己一个人走出来打电话，并且说她不是住在医院，而是住在大饭店——因为这里的医生和护士的服务非常好。

要启发医护人员的良能，唯有一份赤诚的爱，这份爱，就是借由志工穿梭在医院各个角落而表现出来，因为大家脸上都充满笑容，都是自动自发去帮助人，所以医生和护士见了也会起欢喜心。"诚之所至，金石为开"，每个人最诚恳的心表现在脸上，一定会让人感动，医生和护士受到感动而发挥出良能，就能嘉惠病人，所以我说志工是"软件中的软件。"

而且是运行不懈，达成"爱的使命"的超级软件。

灭除烦恼焰

慈济不分宗教，所以常有其他宗教人士来看我。一回两位神职人员来访，他们对慈济表示肯定和钦佩，还想了解我是如何“领导”，使这个团体的人心如此契合，形象如此的美好。“事情如此多、这么多的人来看您，您不会觉得很烦恼吗？这是何种工夫？”

我告诉他们：“我没有什么工夫，我也是凡夫，和平常人一样，说没有烦恼是假的，只有一项和别人比较不同的是，烦恼只会在我的脑中停留片刻。是什么力量让我很快能推开烦恼呢？就是‘欢喜心、感恩心’，只要有欢喜心、感恩心，就是一股力量，能让烦恼一闪就过去了。”我们若能消除烦恼，让心宁静下来，精神保持明睿，则不论对任何人说话，都不会糊涂。

普通人的烦恼是长久累积下来的，烦恼愈积愈重。一个人的脑，就像镜子，若增加一分霸气，明亮度就减少一分；多一分烦恼，就少一分明朗。我们的智能就像一面镜子，镜子若常擦拭，就会清明朗照，照山是山、照水是水，一点也不模糊；假如烦恼一来，就如雾气模糊镜面，再也无法清楚照见外面的境界。所以最好不要让烦恼停留在我们脑子里；烦恼一来，我们用欢喜心、感恩心来扫除，心镜就干净了。

慈济是我自己欢喜做的，四大志业需要很多人参与，人一多我难免有时担忧，所以常婆婆妈妈地叮咛大家——开车要开慢点，要戴安全帽，要系安全带。这是因关心而担忧，不是烦恼。如果事情放在心里、不由自己的一直发起贪、瞋、痴、慢、疑之念，那才是烦恼。

担忧里面有爱，而烦恼里却充满了恨、仇、怨。所以不要有烦恼，若有，需用感恩的力量把它推开，像阳光照破云雾，若此，我们的心就可以常常保持宁静，心若宁静，智能就明朗，清明在躬，人生就不怕失败。所以我们要赶快培养欢喜与感恩的心，用来灭除烦恼焰。

有余大欢喜

从佛陀说法中，我们明白了因为集了种种贪、瞋、痴、慢、疑诸烦恼，所以造成了人生的痛苦；该如何处理？那就须“灭”——想办法把这些烦恼转换成乐缘，要灭苦就要修行。行走在菩萨道上，要具备布施、持戒、忍辱、精进、禅定与智能（般若）六项条件。

首先是布施。我们要奉献，不管是财、力、智能，若我们能奉献就表示我们“有余”。财布施表示我们财有余，力布施表示我们力有余，脑布施表示智能有余；若是每一项都很丰富而有余，如此的人生多么幸福！所以我们可以布施时，要尽量去布施，布施可以获得真正的快乐。

再谈持戒，我们要行十善且不犯戒。若行十善又犯戒，会堕落阿修罗道。“阿修罗道”就是有天福而无天德。有人说：“那人很有钱，但很讨厌。”讨人厌就是阿修罗道，虽有福却无德，因为若有德，每个人都会尊重、敬爱他。所以我们若想要有福有德，需持戒修十善。

有一次我到南部，有一位荣董来看我，说了他一个朋友的事。

他的朋友财产有好几十亿，简直多得难以估算。膝下三个儿子，其中一个儿子年龄才三十二岁，生意做得颇大，时常应酬，财产已经累积八九亿元；偶然间感到身体有点不适去医院检查，岂知医生告诉他是胃癌，而且是第四期；结果，一个星期后就去世了。经过不到一个月，第二个儿子又有事，当初只感到胸口痛而去看医生，医生告诉他，因他平时有吃槟榔的习惯，而槟榔的纤维日积月累积存在肺部无法清理，导致肺功能失调。又经过一个月后，二儿子也去世了，他也是经营十几亿事业的人。

我们这位荣董听到这事后，就对这位朋友说："你存那么多钱又有何意义？不妨利用钱做些好事。"他却回答："我儿子一个个的去世，我何须做好事！"这位荣董感叹的说："师父，您看他是不是很可怜！"

接连面临无常还不能觉悟，钱财再多也得不到幸福。要知道，财、力、智能于此生如流水，流水不腐，水流才有能量和活力。

从自己做起

慈济人除了要持守佛陀制定的五戒，因应时代的变迁，还要另加五戒，成为“慈济十戒”。

我常常提醒大家不要吃槟榔，那是爱护和关心，除了保护健康、维持形象，并且响应环保。不抽烟不只是保护自己，也是保护家人，不会让家人朋友讨厌；因此要戒烟、戒槟榔。再来就是不赌博，有人常因赌博赔上整个家当、妻女，更甚者赔上自己的生命。所以，为了家庭的幸福，不可赌，甚至不可玩股票。另还有一项，就是不可以玩电动玩具，很多青年人因沉迷电玩而缺课，也有人忘了回家。因为社会存在这些问题，所以我要制戒，希望为人父母者以身作则。

有一年，屏东大同小学五年甲班的老师，要小朋友每天写一则“静思语”。当我行脚到屏东时，班上的一位学生拿了一个纸袋给我，里面装了一万五千元，还有他们的作文簿。我问：“这些钱是从哪里来的?”他说：“这是全班同学、小慈济人要捐给师公的。”我问：“是不是全班同学的?”他说：“不是，这钱是我跟弟弟打工赚来的，还有三五位同学做工赚的，我们把钱合在一起。”我说：“你们只不过是几个人，怎么说是全班呢?”他说：“虽是我们做的，但若说全班小慈济人不是更好吗?”

这么小的孩子就知道做好事，还把光荣分享给全班同学，我觉得他们很有慈济精神。我翻了几篇他们的作文，其中有一篇是这样写的：

“师公，我觉得大人很奇怪，过年又没规定大家要赌博，为什么大人们要去赌博？还有大人们都说小孩子不能抽烟、不能吸安非他命、不能嚼槟榔，可是大人们都抽烟、嚼槟榔又喝酒。我觉得好奇怪！我发现这些实在是很坏很不好的习惯，以后我长大、结婚后，假如有小孩子的话，我一定不让他喝酒、抽烟，当然，这是要从我自己做起。”

以上是一个五年级小朋友的心声。所以人要守戒，不要让小孩感到迷惑，应该以身作则不赌博，如此小孩才不会去打电动玩具，转而认真读书；这一切都须从自己做起，让这些小慈济人向大慈济人看齐。每个人希望要家庭更美满、社会更安定，一定要从自己做起。

是“孝顺”，不是“养”

近几年常听到有关老人的问题，一听到老人问题我就心中烦忧，因为我每天一直在老，每个人都一样；同样是会老，将来你我都会面对“老人问题”，所以现在就应该来预防老人问题，提倡年轻人敬老尊贤、让家庭的子子孙孙孝顺长辈。

要子子孙孙孝顺，首先就要由本身做起。老人问题不要丢给社会，你我都应该在家中侍奉长上、供养老人。人生若不孝，就不算人生。

有人常说：“我们在养父母”，亦时有人问：“父母谁在养?”这种话听起来很可怜，父母还须让人家用“养”的，应该说：父母由谁在“孝顺”才对。其实父母不曾吃过你们的，那些资产都是他们年轻时努力累积下来的，他们吃也是吃自己的积累，并没有让子孙养，况且碗筷也由他们自己拿，并没有人在“喂”他们。所以孔夫子说，侍奉父母若没有恭敬心，就像在养猪狗、牲禽一般；倘若说有养就是孝顺，那养猪、牛、鸡、鸭，我们不也是在对它们尽孝吗？所以我们要从内心发出对父母真正的敬爱，提起这份爱来奉养父母。

在医院里，小孩生病，所有的亲戚都来探望，老人却是冷冷清清躺在病床上，这种人生不是很悲哀吗？所以，社会到了目前这个阶段，希望大家将老人问题收回自己家中，把父母侍奉好，做给子女们看，让他们知道你们对他们的祖父母是孝顺的。那么等你们老时，子女自然就会像你们孝顺他们的祖父母般来侍奉你们。

此时我们都不觉得伶仃孤单的苦，因为每个人事业都做得很好，忙得不知孤单将至，等到事业全交给子女时，就知道孤单了，那时就需要子孙围绕在周围，极需天伦之乐。

要记得，我们是“孝顺”父母，不是“养”父母；一心之差，一字之差，天壤之别。

赤子真心

多年前，大同小学尤老师带来十七位小朋友到慈济屏东分会来见我，他们一派纯真，毫不畏惧地提出许多问题：“师公，您常常四处演讲，只能在车上休息，这样不会累吗?”我回答：“当然会累，但为了让更多人了解慈济，影响更多的人像你们一样的善良，师公不怕辛苦。而且，看到大家这么乖巧，师公就忘记疲累了。”

他们又问：“为什么有些人要当恐怖分子害人呢?像绑架犯最后还是被抓到，让父母脸上无光，我想这些坏人如果能多看《静思语》，就不会做那些坏事了，对不对呢?”我回答他们：“做了坏事一定会让父母伤心、无脸见人，所以我们从小就要当好孩子，听父母师长的话，不交坏朋友，长大自然是个好人。”

也有一位小朋友问：“我看了《静思语》以后，很努力地改掉以前的坏习惯，但还是不能做得像您一样好；我要怎样做，将来才能和您一样做这些伟大的慈济事业呢?”我说：“认真读书，多去体会人间的苦难，去爱需要爱的人，帮助需要帮助的人，不断的当好人、做好事，渐渐就可以做大事。”

另有一位小朋友问：“《静思语》中的每一句话都那么好，这些话是您慢慢想出来的?还是随口说出来的呢?因为我很想学习您那样让人尊敬!”我答：“是我随口说出来的，但是我在平时就很用功，所以才能随机应变，因人因事而说话。”

一问一答之间，赤子真心流露无遗，令人深刻感受到真、善、美的体现。有爱心的孩子，必定会产生智能。

忍而无忍，修而无修

曾经有位台中志工在晨间座谈中如是说：“愈深入愈觉得慈济的重要及需要。师父的教诲，常一一活现在日常生活中，师父的法，活似一部活经典，遍洒于每一个人的内心，因此随着师父的步子行在慈济的菩萨道上，觉得非常欢喜。不过也并非每一件事都是那么地顺利，不过遇到困境时，就以师父的三愿来自我勉励及警惕。”

确是如此，娑婆世界是堪忍世界，如果没有许多不如意的事，又何必说是堪忍？既然必须要忍，就要做到“忍而无忍”，才是最高境界。

人生要常抱着修行的心，修行不是要你板着脸孔才是修行，真正的修行，尤其是志工，要真正表达你的快乐，让人一见到就心生快乐、欢喜，这即是悲心——拔除他人的痛苦。修行也是要表达我们的内涵，内涵要靠修行，也就是要规规矩矩走在人生道路上，不能因得意忘形而出轨。总之，无论是面容、态度，都必须让人如沐春风，让人一见就感到温馨自在，这叫修而不修，也是修行的最高境界。

修行，不是一天到晚说大道理，而是要身体力行。不要执著于形式上，而要扮演好任何一个角色。到医院当志工服务病苦的众生，病患最需要的就是欢喜、笑容与快乐，那么我们就要让他们快乐，让他们能对人生有希望，而能得到快乐、自在。

把这样的态度用在自己的工作上，也会诸事顺利，因为“忍”字，“心”上一把“刃”，当忍而无忍，刀刃就不见了，只剩下一心本然纯净。

与万物同窗

“巍峨超越中央山，坦荡不让太平洋，好山好水好文章，万物和我做同窗……”慈济大学附设高级中学全体师生，来精舍寻根时齐唱校歌，并带来打竹板、相声及吉他演奏等节目；一时之间，观音殿里洋溢着年轻的朝气。

“看到大家，我感到人生真的很有希望！”其中一位表演打竹板的中学女生，三岁时就曾被爸妈抱来慈济台中分会，敬献一个长长的竹筒储蓄罐；当时她还以稚嫩的童音说：“我要把钱钱给师公盖学校！”之后，小女孩几乎在我每月行脚至台中时，都会来献储蓄罐。

在慈济有很多这样的小菩萨，他们会帮忙做家事、打工来赚取工资，让慈济盖医院、学校，因为他们心中有爱、能守本分，所以称他们是“小菩萨”。

建设好的学校、号召有爱心的老师投入，给孩子们一个希望的未来，是大人的本分。孩子们的本分是在家孝顺父母，在校尊敬师长，并且要认真读书、学习衣食住行及待人接物的礼节，这才是品行良好的好孩子。

所谓“一日为师，终生为父”，老师用尽心血、体力与时间，全天候陪伴他们长大，就是希望他们以后成为有用的人。在感恩之中，同学们有缘共同生活、求学，安下心尽自己的本分，好好读书、好好学习。

同窗因缘难得，如同此生人身难得，岂可错过善因缘。

大树发于毫芒

清早，天色渐渐亮起来，在林叶间上下飞翔的鸟儿，啼声啁啾，清脆悦耳，时远时近地传进观音殿。一心清净，天地万物在说法。

生值佛世难，佛世距今二千六百多年，虽然时间上与我们相距遥远，但若有心修行，能依教奉行、体会佛心，自然就会与佛的境界愈来愈近。人生短短几十年，苦难偏多，既得人身，又闻佛法，是十分殊胜的因缘，若不好好把握时间启发慧命、精进勤聚道粮，则生生世世都会苦恼不断。

报导指出，有两颗小星球差点撞上地球，从这则“星球撞地球”事件说起，大家应该居安思危。修行的目的在启发人们“爱”的本性，使之发挥生命良能。人生难免一死，若能体认世间无常，积极地以有限的生命追求无穷的慧命，就能在来时安然自在，去时无牵无挂，这就是慧命的延伸。

所谓大树发于毫芒，毫芒中隐藏大树的基因，有基因才能成长为大树啊！若是才种下种子，却又不时翻土瞧瞧，这种子就算发了芽，但根已受损，就永远只是小小的一株嫩芽罢了！

不经一事，不长一智：智能在人群中获得，立愿也要在苦难的人群中，才能激发我们的悲心。把握当下，做，就对了！

当生命同台演出时

“还是会想她啊……”一位慈济委员的女儿在异国因意外往生已有一段时日，至今说起这件悲伤事，仍忍不住泪水簌簌落下。

现实既然无法改变，就要转变心念！有缘成为母女，缘长即相聚较久，缘短则很快分离，万般皆是因缘，由不得自己做主。要透彻因缘聚散的道理，才能面对人生无常的变化。

我对她说：“就当作她还在国外留学，或者想象她已经嫁得好归宿了！”要善解过去、把握当下；已经不在我们身边、再也无法让我们爱的人，就好好祝福她，让她安心离去；然后及时去爱那些我们爱得到的人，你虽失去一个女儿，但你的家庭、先生都还需要你，所以你一定要坚强起来。心要开朗、乐观，家里才有亮丽的气氛。”

“我很内疚答应让女儿到国外，才会发生这种不幸。”她思潮起伏，一再地回顾过去。“女儿在国外时，常说星期天要去教堂做礼拜、唱圣诗，我都答应她了，是不是因为这样，佛祖才没有保佑她？”

我说：“不要迷信！不论是去寺庙念经，或是去教堂做礼拜，这并无分别。佛经、圣经的内容都是好话、正道，重要的是要拿来落实在生活上，端正自己的行为。”

会发生的就会发生，心不要缠绕在“相”的执著上。人生舞台，剧本自己写、角色自己演、戏也是自己导。我对她说：“你与女儿不过是在一场戏中同台演出，她的台词念完了，所以先鞠躬下台。世间亲情虽然难以割舍，既然遇到了，就不要沉溺在痛苦的悲情里；要做有智能的人，不要做想不通的人。”

“你不快乐，孩子也会痛苦；你能放下，孩子才能安心地舍此投彼，做个人见人爱的小菩萨。”我看着这位委员，想起了缘起性空。再美好的同台演出，都有落幕之时。

家庭关系

曾经听过一位桃园委员的心声，十几年来，她不曾开口叫过婆婆，而小姑也不曾叫她嫂嫂，让先生生活在夹缝当中，看到家人在生气，她反而打扮得更漂亮出去逛街上馆子，带给家人无限的烦恼。

还好她在几年前接触了慈济，也幸好有慈济医院让她回来当志工，她亲自投入去做，比听别人讲来得有效，因缘成熟了，让她在第一次当志工时就遇到必须帮阿婆洗澡的情况。

她从帮老人洗澡中得知，这位阿婆在年轻时是位不孝顺婆婆的媳妇，也因为不孝的形态，让儿子媳妇有样学样，导致她今天病了，却孤零零的一个人，必须由志工代为照顾洗澡。

在急诊室，她又看到一位脸部肿伤的老妇人，老妇人的女儿告诉志工，妈妈的脸不是生病肿起来，而是被嫂嫂打的。虽然老妇人的儿子很孝顺，全家搬回来要就近照顾母亲，但做媳妇的却不情愿，所以只要儿子出门上班，媳妇就找婆婆的麻烦，骂她打她，把她打得遍体鳞伤，才由女儿送医院急诊。

慈济是个菩萨训练的道场，任你以往有多大的过错和不好的习气，一到这里，就有很多活生生的境界现在眼前，警惕你、教育你，让人改去前非。这位委员在体验了三天的志工生活后，回到桃园天还未亮，她就急着去找婆婆。第一次叫声“妈妈”，让她婆婆吓一跳，从此她乖巧孝顺，终于感动婆婆，而能彼此和睦相处，也由于她的付出，让小姑开口叫嫂嫂了。

这就是人生啊！只怕你不肯付出，不去和别人沟通，其实并没有所谓的别人怨恨我、讨厌我，而是自己的心量太狭小，太自我为中心罢了。

其实，这位委员并不是一开始就不愿和婆婆讲话，而是因为语言不通，她是客家人，婆婆讲闽南话，彼此言语听不懂，无形中就存有一条鸿沟，她怀疑别人讲话是在骂她，婆婆也因听不懂她的话，而不了解她，所以感情无法融洽。

我常常鼓励年轻人要学说闽南话，一定要说让父母公婆都听得懂的语言，如此感情才容易沟通，因为语言也是一种关心和情感。

钱多情就薄

钱财是要让我们利用的，千万不要让它摆布了我们，有一年的中秋节，我讲了一个较轻松的故事。

一个中秋夜，万里无云，月亮当空，大地一片银白，有一对夫妻生活得非常清苦，靠捡破烂、牛粪为生，所住的茅草房上不遮雨，下不避风，每天辛勤的工作，也得不到温饱，因此没有余力去过中秋佳节。

他们三餐不继，平日天黑就上床睡觉，因为睡着了就可以忘了饥饿，即使是中秋夜他们也是早早上床。先生躺在床上，一面听着外面的鞭炮声，欢乐声，一面饥肠辘辘，所以翻来覆去睡不着。

他翻身面向床边时，突然看到地上有二颗圆圆的白光，就赶紧翻过身跟太太说："太太啊！你看，地上有两个银元。"他太太一听说银元，眼睛一下就亮起来，马上问："银元在哪里?"他用手一比说："在那里"，太太一看果然在床脚下有两个银元。

先生问太太："假若有了这两个银元，你计划要如何使用呢?"太太说："先听你的意见吧！"先生说："我有两个银元的话，要去买一只母鸡。母鸡会下蛋，蛋孵出小鸡，小鸡养大之后卖掉，就能买一头羊。"

太太听了马上应和："好主意！我一定会很认真割草来喂它，但羊长大了之后要做什么呢?"先生说："羊长大成母羊就会再生小羊，我们把小羊养大了卖掉，到时候就来买一头牛。"

"好好好，我一定把牛照顾得连蚊子也接近不了它，而且把喂它的草洗得干干净净的，让它吃得肥肥胖胖，不过到时候要怎么处理它呢?"先生说："等牛长大之后再把它卖掉，我们就会有很多钱。等到那个时候，我就不再养动物了，我要开个店。”

太太问他：“要开什么店?”他说：“开布店。”太太听了高兴不已：“你开布店，那我就是老板娘啰!”他说：“是的，那时候你就坐在店门口招呼客人就好了。”

说到高兴处，先生竟然忘了太太在身边，开始喃喃自语地说：“我有一间店之后，再扩张为二间、三间……，到时候我就可以娶一个小老婆、两个小老婆……”太太听了非常生气，马上坐起来抓住先生的头发，狠狠地打下去。

先生被太太打得莫名其妙，盛怒之下，也拿了一支扁担向太太丢去，两个人打起架来，哭叫之声惊动了在外面赏月的邻居，邻居们跑进来问他们到底发生了什么事？先生就把事情的来龙去脉说了一遍。

邻居们问他：“两个银元在哪里?”他说：“就在地上啊!”邻人一看，原来是月光穿过屋顶的洞，照映在地上所成的幻象！因此就对他们夫妻二人说：“你们一无所有时，可以过得快乐而自在，假如有一天真的有钱了，是否还能那么快乐的过日子呢?”

太太听了这些话之后向先生说：“我觉悟了，宁可不要钱而要情，有了钱之后感情会变薄。”那时候先生也觉悟了，他觉得有钱是一种苦事，不过他说：“我可以取之于社会，用之于社会啊！那样就可以化苦为乐了。”

人生什么才是真正的幸福呢？像这个故事所说的，如果这对夫妻很富有，也许做先生的会有好几个太太也不一定，那么他的生活必然不得安宁！他也可以运用这些钱做利济社会的事，让生命更具意义与价值。

一个心地，一亩田

每一次看到老师，就觉得社会还是有希望的！现代的父母教育孩子愈来愈感到力不从心；我们不妨反向而行——教育好一个学生，就能影响到他的同侪、家庭、父母，这才是成功的教育。

一个孩子，一个心地，就是一亩田。孩子愈小，心田愈干净；愈大，心田杂草丛生。这就是愈小愈好教，愈大愈难教。但是话说回来，现代的年轻人很聪明，他们会用耳朵“看”，用眼睛“听”；老师说的头头是道，言行却无法一致，自然就被学生打了折扣。

有老师说，现在学生在路上遇到老师，会打招呼的已经很少了。听起来觉得很悲哀，尊师重道是天经地义的事，为什么他们不懂呢?

每天打开电视，看到的新闻都是吵吵闹闹、你争我斗，看久了，孩子们就觉得这是很平常的事，他们不知道这样争吵是不应该的，廉耻观念、情操观念也荡然无存，这实在是一件很严重的事。

人要有自己的情操，要懂得廉耻；引导人人回归善良的本性，是我们共同的责任。老师的责任就是解惑，要让孩子懂道理、明是非。人生学无止境，老师要发愿做个维护道德的勇士，不要因为怕孩子反弹，就缺乏道德勇气，因为先哲说过：自反而缩，虽千万人吾往矣！

相识满天下，同行有几人？

所谓“爱河千尺浪，苦海万丈波”，人生像一条烦恼的河流，在各种欲念中浮浮沉沉。

有句话说，“无风不起浪”，这个风是无明的风。我们不知几生几世沉沦欲海中，稍有欲念，就会生起无明的风，掀起千尺高的波浪，淹没我们的理智，也淹没了我们的觉性。

唯有立愿发心，向清净的觉道去行，才能脱离波涛汹涌的苦海。不过，凡夫总是反反复覆，发心容易，恒心难持，因此浮浮沉沉，苦不堪言。

菩萨道上要找到永恒的同伴，真的很难，尽管相识满天下，但是能够恒久同行者又有几人呢？

看到“甘愿做、欢喜受”的人间菩萨，会生起爱敬之心；若听到有人因为人事问题起烦恼而停滞、退转了，就感到担心又伤心。哪一对父母不希望孩子之间和睦？哪一对父母对于叛逆或翘家的孩子不心疼？我很期待大家都能不后悔、不退转，在菩萨道上一路走下去。

地藏菩萨地狱未空誓不成佛，何况我们是同门同道同心者，怎可不互敬互爱、彼此照顾？如果只关心千里外的苦难人，却忘了自己身边的人，是颠倒的行为。先把自己的心照顾好，才能好好去爱周围的人，也才有力量去爱千里之外的人。

大家都是凡夫，彼此相处难免有起无明的时候。我们可以相互做镜子，彼此观照言行举止，如果照到别人的缺点，就温柔地为他擦拭一下。

时时勤拂拭，我们的心就少了尘埃。

踏出爱的足迹

真正的“富有”并不是富有“钱财”，而是“富有爱心”——轻轻的一个笑容、伸出温暖的双手，可以使彷徨的心稳定下来；付出小小的动作不必花钱，却能发挥大力量去帮助别人。

人生的价值不在学问高、地位高，也不在财产多或寿命长，那么，人生的价值到底何在？真正的人生价值是将生命发挥在对人群有用的时刻——以真诚的爱奉献自己的心力。

人生百岁，若对人群一无奉献，等于白来人间一趟，这真是最贫穷的人生！

有人以为，有钱才能付出，其实只要有心就能够付出。所谓“布施”，是富有之人的行为——此“富有”并不是指钱财，而是“富有爱心”。

有人跌倒了，你扶他起来，这是用你的爱去扶他：有人彷徨无助，你轻轻的一个笑容，伸出温暖的双手去拥抱他，就可以使他的心稳定下来，觉得世间并不绝望。付出这些动作不必花钱，只要我们的爱心被启发，就能发挥很大的力量去帮助别人。

常常帮助别人，美好的回忆与时俱增，这样的人生才有价值。所以要好好把握时间付出，不令人生空过。难得来人间，要将爱的足迹深深留下来！

了生脱死

何谓了生脱死？诸恶莫作，就是“了生”；众善奉行，就是“脱死”。

出家乃是大丈夫事，除了要了生脱死，还要广度众生。要怎么了生？要怎么脱死？这是很微妙的事。真正实用的方法，是在生活中好好调伏自己的心。

心中不生烦恼，叫做“了生”；深入大众广度众生，就是“脱死”。不为自己，而为众生。我的人生观是：每天我都在了生，每天我也都在脱死，总是常常照顾好自己的心念，时时刻刻警惕自己，要去除贪瞋痴。

人既然有前世与来生，今生就非常重要。重点在调好我们的习气，习气源始于无始以来的起心动念，六根六尘不断对境生心。而修行就是在根尘对境生心之中，调伏贪瞋痴的心念，走入滚滚红尘中，心却不被众生束缚。所以，我天天都在了生。

人与人之间，常被自己喜欢或怨恨的人束缚。有亲爱的人，就被亲爱的人束缚住了；有不喜欢的人，就被不喜欢的人束缚住了。修行，就要走进广泛大众中而不受爱、怨、恨的人束缚，这就是“脱死”。

有人认为读书才能明道理，然而明白了道理，如果看不开人事，还是被众生缘、烦恼缘层层缠绕，这样如何能了生呢？其实，光懂道理，不能了生，不懂圆融人事，也无法脱死。

人生无常，但是无常长什么样子？体会到了吗？尽管台湾经过九·二一大地震，有人却只是说“还好我家没事”而已，多少人真正有所觉悟？

灾难来时，慈济人“一手动时千手动，一眼观时千眼观”，亲自投入帮助灾民恢复家园、安顿身心。其实，净化人心是件很重要的事，要净化人心一定要走进人群。不论是受灾者或是付出爱心者，都要照顾好一份爱心，让爱心持续不断凝聚。

一心不乱，不再漂溺生死大海；了生脱死，今生就可以做到。

过秒关

人生最宝贵的是生命，一秒钟过不了，生命就消失了。假如分秒不离造福人群的心，而能平安度过时日，生命就又“过了一关”。

行菩萨道要先深入了解众生之苦，而后进一步思考以何方法救度。慈济菩萨道的方针是“济贫教富”，也就是启发富有者的爱心去帮助贫穷人家；贫穷的人因而得救，富有者也因布施得到踏实与快乐。所以，慈济济贫教富，兼顾众生物资及精神上的救度，以天下无灾难为目标。

人生最宝贵者是生命，日子能在一天、一个月、一年中平安地过去，当然是令人非常欢喜的事。许多人都说过年是“过年关”，其实我们应该抱着“过秒关”的心态，因为人生无常，生命一秒钟过不了就消失了。所以秒秒过关、时时过关、日日过关！

过去大家能平安度过，这分福不是求来的，是自己造来的。假如分秒不离造福人群的心，则平安度过时日不只表示生命已经“过关”，也显示这是最有价值的人生。

将“众生”变为“人生”

入佛门为的是要启发大爱的心，不只是爱人，也要爱护动物，乃至疼惜土地。我们要扩大爱心，也就是“诸恶莫作，众善奉行”，力行善法、远离恶法，解脱烦恼之苦难，到达轻安自在的境域。

所谓“物有本末，事有始终，知所先后，则近道矣”，修行亦有次第，循序而进方有所得；修行者要把握“诸恶莫作，众善奉行”的重点，依着正确的方向前进，才能达到成佛的目标；而“三十七道品”中之三十七种助道法，即是修行的初基。

以“四正勤”为例，“正”意指心念要正，心念若正，是非善恶就能分明，知道什么事该做、什么事不该做。四正勤之“未生恶令不生，已生恶令速断”就是“诸恶莫作”；至于“未生善令速生，已生善令增长”则是“众善奉行”。

社会陷阱多，往往不小心就落入陷阱，心被外境诱引就被恶的事物拖曳而无法自拔，以致浮沉人世茫茫大海中。凡夫心就是如此不定，总是反反复复，无法恒持正念中，一旦恶念生就会起种种分别心，对待自己喜欢的人，会起爱执的心，这种占有心很可怕，会使人超越分寸，徒留遗憾。

人生无常，知道是对的事就要心无杂念地向前，错误的事则要提起毅力勇气戒除。凡夫到佛菩萨的境界很遥远，所以必须念正念、行正行，勇猛地向善道精进，才有得道证果的一天。

除了把握“四正勤”以外，去除人我是非的妙法尚有“四念处”——观身不净、观受是苦、观心无常、观法无我。修行必须身体力行菩萨道，“身是载道器”，身躯是用来修行的，不是拿来享受的，若无法运用身体发挥妙法，只想着要享受、占有，就会造作很多恶业。所谓“观身不净”，身体九孔流出的都是秽浊不净物，为了这个不净身躯造业实在不值得；若连这个“身”都能看得开，人生还有什么好计较的？

人就因为执著一个“我”，所以很在乎这个“我”的感受，这个人说的话是在轻视“我”，那个人做的事使“我”不喜欢……这种欢喜或不欢喜的感受，使自己执著欢喜的事物，排斥不欢喜的事物，这就是苦的源头，所以说“观受是苦”。

对于人事，要用善解的心来缓和我们的感受。能善解的人，会感恩对我们声色不好的人，认为他是因为与我知己，所以拿真面目给我看、说真心话给我听。有这份善解与感恩，就能包容与知足。

其实，“感受”的本质并非永远不变，所谓“观心无常”，心念的转动很快，常常是一下子欢喜，一下子又生气了，心念总在生住异灭中，非常靠不住。所以说，我们对于自己的心，固然要期许能恒持正念，而对于别人无常的心念变动，也要看得透彻，不要为其变动的外相起烦恼。

行事做人若能持有“观法无我”的心态，透彻万法无“我”，皆因缘所生，凡事不与人计较，进而无私地为众生付出，如此就能得到真实的快乐。自私的人会使自己堕入烦恼、苦难的深渊；其实，所有物质不过是“四大假合”，善恶也是唯心所造，所以，修行要将自己的心照顾好，不要陷入苦难深渊。

一般众生都是为了自己的生活与享受，不择手段残害其他生命，此种“弱肉强食”的行径，一如山野中的野兽。佛陀来到人间，为的就是要教化“众生”成为“人生”——若能体认生命的价值，发心帮忙别人，就是“人生”；反之，懵懂度日子，人性被烦恼遮蔽，频频造作恶业，则是众生。一旦“众生”多，则“众生共业”，造恶的人多，恶因恶业炽盛天下就多灾多难。

如果能天天清除烦恼，在人事对待中学着去除贪瞋痴，转“凡夫心”为“菩萨心”，此即慧命增长的人生。

等待静铭回来

静铭是台北的第一颗慈济种子，台北很多慈济因缘都是她促成的。尽管她一生都在病痛中，但爱心从来没有退失过；在病中她仍不忘自己是慈济委员，本分是救急救难济贫教富；在人生最后一段，她终于叶落归根。

看开人生，就要把心灵的污染和烦恼去除。身体上多做一些对社会有意义的事，广结善缘；心灵上时时刻刻自我警惕，不论是近亲或是不认识的人，都用平等心去对待，切莫计较，计较的人生一定不快乐！

二○○○年元月，慈济医院来电告知静铭已经往生。匆匆赶往医院助念堂，远远即传来念佛声，静铭的遗体方由病房转移到此。精舍几位出家人已带领志工们在布置灵堂。

轻轻地掀起莲花被，强忍泪水，我殷殷叮咛静铭："慈济路很长，需要人来接棒。师父在这里等你，你要放下一切心结、一切烦恼，欢欢喜喜地快去快来。要记得啊！"

走出助念堂，沉痛之情难抑。静铭之女美珠及家眷数人过来看我，我对他们说："现在不是哭泣的时候，你们要虔诚为她念佛，祝福她可以解脱。"

中午过后，再度来到助念堂。佛号声中，静铭遗容栩栩如生，表情安详自在，令人感到安慰。由台北赶来的数十位资深慈济委员齐聚追思静铭，提到静铭的种种，许多人不禁潸然泪下。

我对他们说："从我认识静铭至今，她一直病痛不断，而且有气喘，每到气候变化时特别辛苦；她的人生除了有一颗爱心之外，其实是很坎坷的。虽然在感情上，谁都不忍她离去，但是我们要用超然的心来看待生死。现在她什么病痛都没有了，所以此刻我为她高兴。

“我们大家要由静铭身上学习人生无常的真理……她是台北第一位委员，从前我去台北都住她家，台北很多慈济因缘都是她促成的。感觉时间才过不久，她却已经是七十岁的老人了！”

近年来出去岁末祝福，感触良深，看到很多资深委员一年比一年老了，行动也一年比一年迟缓，甚至有些已经七八十岁。回顾三十多年前跟着我走过来的那些老委员，如今已剩下不多了。上台领红包的资深委员，很多都已成了白发苍苍的老人。身体衰败实在辛苦，行动也不像年轻时那么方便，所以佛陀说生老病死总是苦。其实生比死更苦，出生时赤裸裸离开妈妈的胎胞是最痛的刺激，因此大家都是哭着呱呱坠地，只是那种痛苦我们忘掉了。

临终那刻的痛苦来自内心的惶恐，但死后轻飘飘的，有如睡着了，一点都不觉得痛苦。所以，每次见到病痛缠身、内心又苦不堪言的人，我都会想，要是就此长眠，总是比烦恼惶恐、人我是非交煎来得好。所以静铭如此轻安地解脱，我们应该要祝福她。

由静铭身上，我们看到岁月不饶人，所以要赶紧付出，更要把心打开，生死皆自在。由医护人员处得知静铭病中始终态度自在，不要求做进一步的处理，子女们也都认同她的看法而不强求，这种态度是对的。若换成是我，我也不强求，若是太强求，生与死那种挣扎真是苦啊！不如让它自然地来，自在地去。

到最后时刻，她还是落叶归根要回到花莲我的身边，那时我牵着她的手，给她红包时，心中就有这样的预感，过年快到了，她还没有拿到我的红包，这将是最后的红包了。现在她安心回到师父所在的地方，表示她的心中一直有慈济，一切都让她如愿了，我们要祝福她。她常常怨叹自己没有念书，现在她将大体捐给医学院的学生解剖，很快就可以做一位“无言的老师”。我们用欢喜心送她走，用欢喜心祝福她快快回来。发心的菩萨，一定会再回来。

卷八

缩小自己，容纳别人

所谓大爱，就是无数人把自己缩到最小，才能腾出空间来容纳更多的人。慈济的美，美在谦虚，美在付出，美在大爱。

“资深”稳定的力量

为人不要轻视自己的能力，凡事要尽心尽力。有些资深慈济委员会想：“我年纪已大，不中用了，让年轻人去做就好。”这是不对的观念！其实，活动或集会里有老委员在，“资深”的形象令人看了就有一份“定心”与“贴心”感。当我看到资深委员们，心很快就定了下来，他们实在不必做什么事，只要站在那儿招呼人，就可发挥一份稳定的力量！

许多慈济委员从年轻有劲做到白发苍苍，才发觉慈济一路走来竟已四十年了！追忆开创时期，真是一段孤单的日子，实在不堪回首……

当年虽然社会上有很多爱心人士投入慈济，但是慈济许多观念与作为，并不为当时的佛教界所认同。

诸如发动“器官捐赠”或精舍“自立更生”，乃至“创办医院”等，无人肯定，更少有人响应，那种“没有人肯定我这样做没有错”的情境，甚至评论慈济所做不如法、修福不修慧等，真是教人走来既辛苦又孤单。

虽然如此，我还是坚持去做了，虽然辛苦孤单难免，然而君子本就“有所为，有所不为”啊！

资深委员的参与，就如同见证爱心绵长不绝，一人当关，气象万千！

四十年因缘录

二〇〇〇年有一次聚会，回首前尘，百味交集，在座的慈济老委员们谈起当年劝募时的情景，那个年代民生不丰，只要有人捐个“五百元”，委员就高兴得无法成眠，若募到“一万元”，简直就是天文数字！

其实，劝募不只是为了筹措志业经费，也希望藉此开启会员们的爱心。有位委员谈到，一次带人来见我，还暗示这是一位“很有钱的人”，但是我并没有特别招呼，反而对后面来的一位行动不便者亲切问候。这幕情景看在那位有钱人眼里，感动得不得了，从此护持慈济，并且一改向来骄慢的习气。

这一切都是缘啊！但“缘”也是来自于“因”，若无因，有缘也不成。“因”也就是习气，既有傲慢的习气，就成不了好缘，因为欠缺福缘。有钱的人或是有身分的人，来到慈济能够放下身段，举止言语处处礼让，这分涵养才是真正珍贵的礼物。

慈济四十年，正是一则一则小故事集成的因缘录啊，因缘不可思议！

不执空与有

“既然人都是带业而来，为何要去帮助那些贫病苦难人呢?”许多人往往有这个困惑。任何人来到娑婆世界，都是带业而来，但以佛陀的大慈悲心，正是为广度众生而来人间。只要多用一点心调整众生偏差的习性，教导他们光明的方向，他们就可以重新发挥做人的良能——种善因、结好缘，并转恶缘为福缘。

我们应该安守本分，踏实于现在，不为过去事而烦恼，也不为未来事而不安。

我常在志工早会上，与大家“谈时间”。年由月累积，月由日累积，日是时累积，时则由分秒累积，时间总是不断流逝，没有片刻停留。人从生到老死，生命也随着时间消逝，没有固定的形相。

时间在无声无息中消逝，抓不住、看不到，但在人的意识上，却常执著“有无、得失”的分别；在分别与追逐中，人的情绪患得患失，或喜或忧起伏不定，没有一个踏实感，常常觉得茫然、空洞、没信心。

众生就在如此矛盾的人生中追求。所以佛陀教我们要守在中道，不要执空，也不要执有，最重要的是要守好本分，做好今天能做的事。如此就可以稳稳踏实于现在，不会为已经过去的事而烦恼，也不会为未来所追求的而犹豫不安。

时间虽然会带给人们很多烦恼，但我们也可以利用时间成就道心。只要将时间用于正思、正见、正知、正解、正言、正行的正道上，把清净、完美的好心好意时时用于生活中，就能踏踏实实地一步步累积道业。

不执空，不执有，不执著于此生带业而来，人生就不会“负债”；其他所做的好事，则是此生丰盛的“储蓄”。

心灵的清洁剂

爱、相信、原谅，是最好的“心灵清洁剂”。

元旦是一年之始，除夕是一年之终，“有始有终”是我们非常重要的观念。每逢农历除夕，依照传统习俗，为迎新岁，家家户户在门户上贴春联，在厅堂里摆设水仙腊梅应景花卉，吃的方面则有年糕、发粿。请客的糖果盒端出来，年夜饭也早早就在炊煮，严寒的隆冬溢满幸福温暖的年味。

然而人生无常，修行道上要好好把握时间，修行人有几年的时间可以把握呢？是不是真能如你所愿达成修行计画？任何人都难以保证。

最好能把握现在，日常生活中以宽大的心付出爱、对人让步、给人成就，这都是在种善因结善缘。然而付出的时候，如果存着“我凭什么要给他那么多”的念头，这念心所种下的种子就不好了；反之，如果能抱持“我有能力为人付出，是我的福”，这般喜舍心就是种下好的种子！

有时候，我们为人付出，别人不一定立刻欢喜接受；许多人刚当志工时，面带笑容进入病房，病人却不一定能接受这番好意。但是，我们不要灰心，有好的因种下去，一定会有好的缘响应，不要中断真诚的笑容与温柔的言语，第一次他不接受，第二次他会缓和一点，第三次他一定会打开心门欢喜地接受。这就是撒种，不断地付出就是结好缘、种善因。有好的缘，才是真的福报。

所以，付出爱心也要看时机，这叫机缘。过年正是好时机，新年要有新气象，家庭要有新气氛，先从自己做起，过去的不要再计较，解开心结，彼此关怀、付出爱。普天三无——普天下没有我不爱的人，普天下没有我不信任的人，普天下没有我不原谅的人，这三句话是最好的心灵清洁剂。

清掉内心的垃圾，才有空间纳法财、迎福德。迎福德，必须先种好因、结好缘，才能结好果得好报。所以我们要用清新的心来迎接新的一年，并且要为普天下的人祝福，祈求天下无灾难，祈求社会祥和。

社会祥和必定要人人和睦相处，以清新、明亮的心为普天下众生付出爱的良能。付出爱的同时还要感恩，感恩家里的人，感恩社会上士农工商各阶层的人，感恩与我们同心同志行走菩萨道的人，每一天都以感恩心清净心面对生活。

恭喜“法”财

如果人人能够发好心，立好愿，坚定好念，就能日日清心。日日清心，就没有烦恼、障碍。障碍从哪里来？多数的障碍都是起于自心，例如贪心，人只要有贪念，这一生就无法满足，不满足的人生叫做缺陷的人生。想要拥有圆满、幸福人生，就必须知足；心念转，法轮才会转，所以我们要转贪心为布施心。

布施，任何人都做得到，不论出钱或出力，只要能帮助别人，将别人内心的烦恼引导出来，都是布施；布施不是有钱人的专利。一般人都很喜欢发财，所以我们常说：“恭喜新年发财。”但如果把“发”换成“法”肯定更有意义。“世间财”总是有限量，“法财”却是无量数，而且不会随着生命消失。

人的一生有多少时间能使用财富呢？曾经听过一个有趣的故事，有一位会员事业兴隆，在很多国家都有别墅，一年的时间都绕着地球跑，春天在台湾，夏天就去气候适当的国家……

有一次，他和慈济人去澳洲，就住在他的家。他家很大，比旅舍还气派。到了半夜，他起来上厕所，厕所在哪里，原来一年跑太多国家，对每间房子都很生疏，所以连厕所也找不到。像这样也很辛苦，在自己的家，却不知道方向，家产再多，又能用到多少呢？

所以，我们可以互勉互祝：恭喜“法”财！

捡石头的老荣民

人生短短几十年，一个贪字让我们这么辛苦，如果能转贪念为布施心，就很容易满足。像前几年有一位年近八十的老荣民，退伍之后，他在新城乡的海边搭建一个两坪大的房屋，虽然老旧不堪，他却安贫乐道，每天去海边捡石头。一斤石头才几毛钱，他总是天未亮就出门，有月亮的夜晚只要眼睛看得到，他也都利用时间去捡。

下雨也出去，刮风也出去，他用心、耐心地捡，生活克勤克俭，一点一滴存了一百多万元。后来因为志工对社区独居老人的关怀，长年累月去关怀、帮助他，让他心灵有所依靠和信赖，所以他希望把钱交给慈济，将来他的后事也希望由慈济帮他处理。

有一天志工带他来精舍，他非常高兴，他说来到这里心都宽了、没有烦恼，感觉很安心、自在。我就说："那你要常常来！"他问："可以吗？我可以常常来吗？"我回答："当然可以，也可以天天来！"他很高兴地说想把钱捐出来，我问他："怎么有这么多钱呢？"他说："噢！我捡了几十年的石头。"令我印象很深的就是这句话。

所以几十年来他有一些积蓄，我告诉他："存钱很好，但是身体也要保养得健健康康。"后来他跟志工说："我也想做荣董。"我告诉志工："他想捐就让他捐个荣誉董事，剩下的钱帮他存成专户，我们也要持续去关怀他的生活。"如此，终于圆了他的愿望。

这些钱他都是长年累月点滴累积起来，他是个富有的人，最重要的是他心中有爱，他懂得如何生活，日日满足，天天看海。那一片汪洋大海就是他的境界，他的心就像海一样宽阔。天天看海，心无一物，如天空一样，空无烦恼、心胸开阔，所以他很满足他的人生。他能亲手布施，是个最有智能的人。

怀念导师

过年，最高兴的是看到很多慈济老委员都回来了。有两位老委员，一位是静行，台北的慈济志业其实是由她牵线，静铭是她的结拜姊妹，静行带静铭来花莲，静铭再把慈济种子带到台北。记得当年她们跟着我时还很年轻，现在和我一样都老了。

不过，老是宝！因为家有一老，就是一宝，师公上人——印顺导师二〇〇〇年在花莲这里过年，令人觉得更有过年的气氛。

当天天未亮，他就下楼来告诉我们，从今天起，大家要以光明的心地，殷勤行走菩萨道，一路精进最后就会证果。既会证果，菩萨道的因缘更不能松懈，期待大家新的一年要立新的愿望，好好把握时间精进，分分秒秒转贪念为布施心。不要只绕着自己的家业、财产跑，跑到最后还不是两手空空的去，倒不如带着一些道粮——生命中的法财，踏踏实实、步步为营，为新的一年好好规划。同时，发了愿就要身体力行，不要年头发愿，年尾才验收，要每天验收。

导师已经圆寂了，他的法语却无比清晰。

“知道”与“懂得”

常人对于道理总是“知道”却不真“懂得”。如“人生是苦”这句话，很多人会说，但真正的意义并不一定了解。世间有些人的苦并非只是口说而已，那份悲凄痛苦是真的发生在他们身上，当我们去帮助他们时，能从他们的苦体会到人生之无常变化、明了生命价值何在，所以他们是我们人生的老师，应该感恩他们。

文字上的探讨是知其然，但不知其所以然，要有真切的感受，就要亲身去接触活生生的人生。

人生许多的“过去”随时日悄然消逝，但刻骨铭心的感受，却是历久弥新。人生多累积正面的回忆，就能时时带给自己正面的启示，乃至指引自己不偏不倚的人生方向，茫茫人海中不致浮沉。

推拉之间

曾于席间听某人说，在电视上看了动物世界的影片，感受到“弱肉强食”的情势令人难过，不知世界何日可以全然净化？这位人士事业愈做愈大，却感慨自己少有时间投入志业。

人的生命、能力及时间都很有限，虽然看到动物间弱肉强食觉得难过，但最好赶快回到人的世界，人类都无法净化了，如何解决动物界的问题？不要想得太远，凡事有次第、步骤才能逐步完成，舍近求远并非智者。

将心力全然投注事业，事实上相当辛苦。事业是征用职业人来做事，他们是为生活而工作，是领薪水上班的职工，怀着“我不得不工作”的心态，身为老板必须“拉”着职员做事，如此难免会有很多“烦恼”。而志业是由志工来“推动”，大家都以欢喜心做事，认为能为人生服务最有意义；就如慈济人是为工作而生活，大家“推”着我走，我不走不行。

推与拉之间，一心就有大差别。

莫玩“感情游戏”

曾经有位妈妈来见我，谈起女儿与有妇之夫交往就泪流不止。

这位妈妈和先生经营跨国企业，事业心大、责任感重，虽然事业蓬勃发展，却也因此疏于对女儿的管教、照顾，而今悔恨不已。

“感情”是最敏感、最狭窄之事，没有任何女人可以容得下另一个女人介入家庭生活，结交有妇之夫不但让另一个女人痛苦，对自己也很不光彩，岂是明智之举？年轻人不要轻易做“感情尝试”，若一旦被情网捆绑，想要松绑也难以开解。所以交往的对象要认清楚，不要玩“感情游戏”，这种游戏任何人都输不得，况且一失足成千苦恨！

普天下得享幸福的地方并不多，能物质丰裕、享受自由、接受高等教育、拥有父母疼爱的幸福家庭，这样的机缘便不容易。如果因一念偏差而行为脱轨，就要遭受“如是因，如是果”之报。所以要好好把握自己！

这是一段孽缘，业力使然，但一切都过去了，现在要从头开始放下感情纠葛，从头开始，一切未晚。

不要怕，有我在

“看到他们的生活如此困苦，心里总想着——要用什么方法来拔除其痛苦？又该如何帮助他们具备谋生功能，获得好的工作机会，过比较好的生活？尽管心有意，但有时却觉得很无力，世事并不如我们所期望，总是存在很多无奈。”有一次志工早会上，电视屏幕播放着慈济人至海外落后地区义诊的录像带，看着画面不禁感叹。

难道他们命中注定要这样吃苦吗？从因果分析说，今生过着困苦的生活，是过去生之作为，所谓“万般带不去，唯有业随身”，业如影随形，若非业力牵引，怎会生在那样穷困的地方？过着几乎没有生机的日子？

此时，我们若多用一点心去关怀、指引他们，虽然业力不可转，却能为未来种下善因善缘，慢慢化解过去的恶业。

发慈悲心、行六度波罗蜜、或布施钱财、或无畏施等，即使只是很简单的动作，也能安定人心。例如有人站不稳，我们伸手扶他不令跌倒，或有人在惶恐惊惧中，我们安慰他：“不要怕，有我在！”就能安定其心。我们付出爱心，也教人付出，让他们也种下一粒爱的种子，也结一分好缘，如此就能转恶缘为福缘。

城隍爷选拔

有一年，中部会员利用周末假日前来精舍参访，大家坐在观音殿里，我向他们谈起一则民间传说——

有位年轻人，父亲早逝，母亲为了培育他，吃了很多苦，于是他立下一个心愿——无论如何困难，一定要侍奉母亲到寿终正寝。他很用功读书，中了秀才，不但有学问，而且是一个孝子，所以乡民都很尊重他。当这位秀才步入中年，母亲将近八十岁。有一天，秀才睡觉时做了一个梦——一群人很热闹地敲锣打鼓，有人骑马，有人抬轿，来到他的面前，请他坐进轿子里，他不由自主地坐进去。

随后，听到很多锣鼓声及喊话声："某某秀才来了！某某秀才来了！"他坐在轿子里摇啊摇啊的，一直来到一间很堂皇的房子前下轿，又是听到："某某秀才到了！"他向前一直走，看到一排考官正襟危坐，其中一位威风凛凛坐在台上最前面。

大家看到他来了，就说："时间已到，请某某秀才坐上考位。"他就依照安排坐在座位上。隔壁也有一位，纸笔都有人准备好了，看来像是要他们应考似的。主考官发下考卷，题目是"一个人、两个人，有心、无心"，就这些字而已。

隔壁的人怎么写，他不知道，他是这样写的："有心为善，虽善不赏；无心为恶，其恶不罚。"意思是说，如果行善是为了得人赞叹或要得到什么利益，不值得受赞赏。至于无意中做错事，因为他心中没有恶念，纯粹是意外，所以不受责罚。

秀才将这张考卷写完交出去，考官们看了很高兴，主考官宣布他考中了，可以马上接任东府城煌爷的位置，因为现任城隍爷的任期到了，必须由世间另一位好人来担任。

秀才说："我受到诸位考官的抬举，非常感恩，应该赶快接受这项任命，但是我家里还有老母亲，我曾经发誓不论遇到什么困难，一定要奉养母亲到老。"主考官问他："你的母亲今年几岁？"他说："七十九岁了。"

主考官很感动，问左右的人："你们看看他的母亲阳寿到何时？""应该是八十八岁。"主考官向秀才说："还有九年的时间，好吧！再给你九年，满你的愿。"说完就送他回去。

秀才醒来时，想起他回来之前，主考官曾对隔壁的考生说："这九年的时间由你来代替。"他记得那位考生好像是住在东村，姓张。当天他就前往东村探听是否有这样一个人，村民说这人刚好当天往生了，他才觉得这个梦不是假的，是真的。

"我要好好奉养我的母亲，我还有九年时间可尽孝道！"果然，九年后母亲往生了，秀才把后事办好后也无疾而终，安详往生。秀才的丈人说，当天清晨睡梦中，见到女婿坐着大轿浩浩荡荡来到他家门口，女婿下轿在门前三鞠躬后上轿离开了。天亮之后，就接到女婿往生的讯息。

这则民间故事的寓意是说，我们应将做善事视为自然，视为做人的本分，而不是做一点善事就希望别人夸赞，或做一点善事就要求平安。

大家都做好事，社会就很祥和；社会祥和，家家平安；家家平安，充满天伦之乐，自然每个人都很幸福。总之，世间需要大家日日付出大爱而无所求，大爱可以包容地球村，将娑婆世界变成人间净土。

缩小自己，容纳别人

二〇〇〇年二月，第二届的“医事青年成长营”结束五天的营队生活，于花莲静思堂举行圆缘典礼。来自二十四所大专医学相关科系的二百七十位学生，度过了难忘而有意义的营队生活后，均发愿将这分心情及体悟带回学校实践。

心得分享时，有几位学员哽咽落泪表达心中的感动，除了重拾对医护科系的信心外，也将学习慈济大爱精神。

我勉励学员学习辅导爸爸妈妈们“放下身段，缩小自己的功夫”，功能哪里都能学到，但是缩小自己，放下身段的功夫，就很难学到。所谓大爱就是无数人把自己缩到最小，才能腾出空间来容纳很多的人。慈济的美，就是美在谦虚、美在付出、美在大爱。

我同时提醒学员们，学生的本分是认真学业，不要在感情生活中团团转。来人间一趟，不要做一个迷情的人，要真正看清楚人生的目标，做一位觉有情的菩萨。

尽本分得本事，不要轻视自己。不要怀疑自己选择的科系，既然是服务人生的大事，不论哪一个科系都要和人密切配合，才能为病患治疗，所以现在就要用心学习，将来才能发挥本事。

佛教说人生无常，生老病死带给人们很大的威胁，生命并不一定能顺利通过每分、每秒，所以人身是非常难得的。这样宝贵的生命不可以浪费，所以要用心照顾自己，把生命真正用在人生正确的目标上，真正为人群做一些事情。

护正法与顾安危

有一位弟子即将返回新加坡，告辞时，我对他说；“在当地要坚强任事，既然选择了师父，就要了解师父为了众生如何绞尽心血，既是师父的弟子，就要在当地学习如何接引众生，承担如来家业。人与土地息息相关，你们既可踏上这块土地，又能与当地人投缘相处，就表示你与那里有缘。”

我举佛陀十大弟子中的富楼那尊者，发心前往边地野蛮国家布教的故事为例。富楼那弥多罗尼子发愿到输卢那国布教救度众生，佛陀表示输卢那国是一个偏僻的小国，那儿的文化不发达，众生刚强，去那儿很危险。富楼那尊者坚决表示他的志愿：“为了正法的宣传，个人安危不值得顾虑。”

佛陀：“假如他们不接受你的说教，反而破口大骂呢?”富楼那尊者表示：“他们只是骂我，不曾用棍棒打我。”

佛陀又问：“假如他们用棍棒、石头打你呢?”尊者回答：“还好他们只是用棍棒、石头打我，没有用刀杖刺伤我。”

“假如他们用刀杖刺伤你呢?”

“我要感恩他们没有要我的命。”

“假如他们把你打死呢?”

“那我更要感恩他们帮助我结束业缘。”

举这个例子并非要大家不必重视色身，而是精神上的呼应与提醒——大家要不畏困难。

事情轻重缓急要斟酌，有伤害性的事情千万碰不得。带人做事也是责任所在，只要细心策画就好，多带活动无妨，但是不一定要到偏远的地方，虽然不怕困难，但也不可以轻率，冒险。

正因人身难得，留得有用之身，他日成就更多。

心如明镜

什么是“心如明镜”的真正含义？我从慈济人的眼中看到反射出的自己，你难过的时候，慈济人会伤悲；你喜悦的时候，慈济人的笑颜盈满。

有一次志工早会时，提到二件抢劫新闻，一是因为缺钱而抢劫老人的中年人，在抢劫后立刻束手就擒。另一件是抢劫运钞车，歹徒甚至开枪击中奋不顾身追出来的行员，行员送到医院时已回天乏术。真令人感慨，这二件个案都是因为没有照顾好自己的心，不但伤害了别人，也毁了自己的前途。

人生的幸或不幸都在于一念心，所以净化人心是每个人不可或缺的功课。净化别人之前要先净化自己，净化自己就要时刻把心照顾好，否则一个观念稍有偏差，人生方向也会跟着大错特错。

大家要爱惜生命，把生命价值用在利益别人、成就自己的事情上，如此运用生命使用权，才是真正有价值的人生。

由于全球慈济人的用心投入，用真诚的大爱为社会、为人类推动净化人心的工作，真正发挥观世音菩萨闻声救苦的精神，这种无私无我付出的大爱精神，正是慈济在全球被肯定的原因。当然，愈是被人肯定，愈要谨慎踏稳脚步，我们所选择的方向没有错，就要精进再精进。在精进中，更要把心照顾好，才不致偏离了菩萨道。

教书与教人

由老师身上显露的使命感及志业精神，我感到台湾的教育愈来愈有希望。“志业老师”与“职业老师”是不同的，职业老师对教学工作缺乏省思与理想，学期中日复一日踏上讲台教孩子几个钟头，然后放寒暑假。志业老师就不一样，守志如初，坚定当初选择当老师的志愿及抱负，自勉要把孩子们的学业与品德都教导好。

近几年来，真的看到许多老师是用菩萨心、父母心在爱学生，他们曾有的教学倦怠感已经过去，重提毅力及冲劲建立教学的热诚。并且不只是精神上的转变，形象也改变了。

如何由“教书”变成“教人”，为人师者一定要以身作则，老师是什么样的形态，教出来的学生就是那样的形态。

回顾年轻时寄住慈善寺，有一天早上在井边洗衣服，一位二年级小女孩上学路过，突然指着铁轨大喊：“你看！你看！老师教我们不要走铁轨，自己却在走铁轨！”这个小女孩的话给我很大的启示——我们一定要说到做到，决不能让人在背后说我们是只能说、做不到的人。

《静思语》是配合现代人生活的好话，虽然是很平常的一句话，因为应现在的时机，对现在的缘，所以成为妙法，可以用来矫正自己的形态与心态。“静思语教学”是为了净化人心，使教育回归人性伦理。

“愿人心净化、社会祥和、天下无灾难”，此三愿中最先要做的是净化人心，只要每个人的善念爱心都启发了，社会必定祥和，天下就会减少灾难，所以虽然是发三个愿，其实核心正在于净化人心。

即使我有愿，一个人也是孤掌难鸣，很感恩社会各界有这么多人一起来推动！慈济不能缺少任何一个人，因为大爱缺一人则不可，希望大家心手相连，一起为净化人心而努力！

恒持愿心

“做人”若不问世事，选择独善其身以成就自己，此是小乘心态；想要做事，就要在人心目中有个分量，这个“分量”并非是“我的地位高，你要看重我”，而是“缩小自己，尊重别人”，为自己负责任。

有一年正月十四，在静思堂举行的志业中心会报中，与十二处的主管谈到，每个人在过年前后，总是充满很多希望，也立志在新的一年要如何地奉献，但这份发心总难持久，往往在一段时日之后就会感叹：“力不从心啊！”这就是凡夫心起。

其实，现阶段能力如何并非问题，只要发心能持久，必定力能从心，随愿成就。就怕发心不长久，力量自然就消失了。所以佛教也有句话：“发心如初，成佛有余。”若能日日守住善念，时时不忘初发心，要成佛就没有困难了。

当时与会主管皆感性地分享心得，大家都觉得在慈济任事，心灵收获极大，不仅心情愉快，修养也增益不少。也有人曾自问：“究竟是做人重要或是做事重要?”

我认为做人、做事要平行，若只要“做人”而不问世事，如同选择独善其身以成就自己，然而所谓“成就自己”，到底成就了多少？人走到生命结束的那一刻，恐怕连他自己也很难明白，自己到底成就多少道业。

成立慈济以来，走过多少坎坷路！在出家时，就自我笃定人生的方向：“不去伤害别人，但也要保护自己。”做慈济是在一念心，与其独善其身，不如兼利他人；想兼利他人，就要做事，所以投入社会。

社会满布陷阱，投身滚滚红尘，既要保护自己又要做事，就要发心如初、坚持一念，要为自己负责任。既然发了愿，不论遇到任何困难，都要达到目标。

事因人而成，慈济的成就，是汇合众多爱心，大家同心协力推动所成。一个人再能干，也只有两只手；再如何会说话，也只是一张嘴；个人再有心，生命也才几十年而已。想要在短暂的时间里，扩大志业于天地之间，必定要先对自己负责，才能以德服人，广招更多人共同来实现理想。只要是兼利他人，并非独善其身，真正为人做事而无私心，自然能站得稳、行得正，这分诚恳的心最能感动人。

我出家至今，就是秉持“诚正信实”之心，也教导所有慈济人秉持这个理念缩小自己、尊重别人，感动更多的人来做慈济。恒持愿心，一如初衷，愿心有力，足以改变世界。

打开心门

凡人的心就像封闭门户的屋子，里面十分黑暗，无法知道屋内藏有宝藏。其实人人都有与佛平等的佛性，只要我们将心门打开，就能发现自己拥有无止尽的宝藏。

有一位国一的少女，鼻梁上架了副眼镜，镜片下的双眼，因为不快乐而无精打采，瘦弱的身躯更透露着解不开的忧思。她在校成绩优秀，却因为过于重视学业分数，出现忧郁现象，几乎要休学。

我柔和地劝导这位女孩："你的心念都在分数高低上，如何专心用功呢？用功读书是好事，也是学生的本分，但你太在意分数，注意力就无法放在书本上，反而读不好书了。凡事只要尽力就好，何况读书是为了自己将来要奉献社会，所以真才实学才重要，分数高低无须太执著。心要定下来，一心一意用功就好了。"

"什么是尽力？"女孩问。

我告诉她："时间不浪费，专心念书就是尽心尽力。若是求好心切，因为太在意分数而胡思乱想，就会把时间都浪费掉。"人世在世，但求尽心而已。

不要画饼要做饼

天下灾难一起，怪力乱神往往随之而生，充满迷信的色彩。修行必须要正信，既然生在世间，就要勇敢面对现实，离开现实就只剩空洞、虚无。

肚子饿时，吃饼会饱，但饼若是画在墙壁上，我们也不能充饥；想要吃饼，就得做饼才有得吃。同理，想得福报，就要造福；有人需要帮助，我们为他们付出，就是在造福人群，也为自己培福。

身为佛教徒，应该传承佛陀的精神，以救人为使命。佛陀是为一大事因缘来人间，亦即为众生“开示悟入”佛之知见。众生因迷而心乱，所以起无明。无明不离贪瞋痴，无明起则心地黑暗，于是犯错、造业。

众生有八万四千烦恼，佛陀为对治众生的烦恼，所以开示八万四千法门。明白对治的法门，真正觉悟道理，就能将生命用在有用的地方，不会等待别人来救助，而会主动积极去做一个救人的人。

被救好呢？还是救人好？其理甚明。

佛陀说末法坏劫时会有大三灾、小三灾，天下灾难愈来愈多，这是因为众生共业。但所谓一善破千灾，集合很多的善业，就能破除天下的灾难。慈济四十年来，不断呼吁净化人心，就是希望将很多好人好心汇合一起，以善的力量来转变恶的共业。

一门必学的课程

曾经有一则发生在慈济医院心莲病房的故事，故事中的主角，是位“透彻人生，捐赠遗体”的老先生。

一九九七年下半年，家住南投的老先生，检查发现是癌症末期，老先生想捐遗体，在家人支持下，住进心莲病房。快过年时，他觉得身体还好，便回家过年。后来，感到不舒服，也认为在慈济医院受到很好的照顾，就告诉太太要回来慈济医院。老太太一路陪着老先生，当火车抵达花莲，老先生觉得全身虚软，实在无法走台阶过月台。老太太便教老先生让她背着走，但老先生衣服胸前有钮扣，担心会使太太不舒服。老太太说，只要他臀部稍微翘一些，就不会靠她的背太紧，钮扣也就不致于碍到她了。

两人都是上了年纪的老人，老太太下一层台阶后，已是气喘吁吁，老先生很不忍心，但老太太仍请他安心。就这样又上一层台阶，才终于走出火车站，非常辛苦地来到慈济医院。

老先生住院时，有一天很想去静思堂走走。老太太与志工们便推着轮椅，带老先生出来。到静思堂半途，老先生说他体力不行了，遂又折返医院。才到病房，老太太及志工合力将他扶上床，老先生便往生了，走得很安详，毫无痛苦。志工们先在病房为他念佛，送到助念堂后，大家轮班再继续助念。

之后，老先生的一位亲人前来，提起老先生曾说要捐手上的两枚戒指给慈济。但老太太担心老先生已过世多时，身体已经僵硬，如何还能摘下戒指？这位亲人遂对老先生说，既是您自己发心要捐，就得让我们拿下来。不可思议地，老先生躯体还很柔软，戒指很快就取下来了，将老先生遗体送到慈济大学做大体处理时，脸色依旧如生，好似睡着一样，令人安心欢喜。

这位老者实在令人赞叹啊！他最期待的就是人生最后要大舍的这一天，所以将生死看得很透彻，才能走得安然自在。其实，死并不可怕，可怕的是因为想不开而以种种方法伤害自己，甚至自杀，如此就苦不堪言。

人死后，烧纸钱等民间习俗，事实上并不需要，徒然污染空气、制造神秘感罢了。而请人做法事，叮叮当当的很吵杂，也是多余无用，使人心乱而已。在亡者走后，最重要的是家属要心安，亡者才能灵安；情感是一份业力的牵绊，就像一条绳子，家属不能安心，业绳就会绑住亡者，使他不得解脱。所以，家属要勇敢振作，化小爱为大爱，使往生者灵安。

人已走了，唤也唤不回，与其痛苦悲哀，不如转个念头，让自己心安下来，祝福他乘好因缘再来人间。这种虔诚的祝福，较之为他做法会都要更好。

有人说，什么都可以学，就是死不要学。我则认为这种说法不对，死，才真正要用心学习。死亡是人生的终点，人最惶恐的就是这件事。如果对死亡有透彻、正确的认知，知道死后灵魂是非常安然的境界，就不会对死亡恐惧了。死不足畏，重要的是活着时要看开生死，凡事不计较，把握现在努力付出，这样的人生决无后悔。

老人照料的"时间银行"

建设老人院或安养院，不是解决老人问题根本之道，期待政府结合民间力量，学术研究与实务推动并进，才能彻底解决老人问题。其实老人最需要的是亲情，所以要鼓励社会恢复固有孝顺美德，更期待年轻人都能感念父母恩而及时行孝。

现代社会结构改变，小家庭取代了传统大家族聚居，子女白天上班，老人孤单在家，缺乏完善照顾；或有独居老人，无依无靠，非常可怜。所以应该推展"社区族群化"，将社区当成一个大家庭，人人轮流负责去关怀社区老人；也可推动"时间银行"方案，鼓励大家投入照顾老人的行列，储存日后社会回馈照顾自己的时间。

慈济十分关切老人问题，积极因应。一九九七年，委员们分区编组走入社区服务，家家户户宣导照顾老人的理念；而在慈济医院方面，院方安排志工训练课程，教导志工们如何为行动不便的老人翻身、沐浴。

老人问题将是未来社会很重要的工作，不仅是台湾，也是全世界的大问题。我很为老人问题担心，所以用心思考解决的方法。要解决老人问题，一定要呼吁社区家家户户相互关心，一起来照顾老人，这必然结合很多人的力量，才能真正将"社区族群化"的理念，快速推动落实。

我们的心里有老人，老人的心理就健全了。

菩萨必修的学分

自由固然好，但是不能脱轨，修行的人行、住、坐、卧四威仪，每一项都要用心学习。

有人觉得成为慈济委员的考核太严格，必须经过幕后、见习，再通过至少一年的培训才能正式受证，为何慈济的门槛这么高？

正因为大家立志要当菩萨而入慈济门，要当菩萨，六度万行是“必修课”。六度就是布施、持戒、忍辱、精进、禅定、智能，这是人间菩萨最基本的条件，也是从凡夫到菩萨的必修六学分。

布施即慈悲。持戒就是守规矩，规矩不是用口号，须力行为之。团体的美，美在每一个体的合齐，能耐苦、耐烦配合整体，也是忍辱。

人多不免有是非，我们要时常自我提醒；来慈济是为了学习正道以具备正确的心态、行正确的道路，所以不论遭遇何种考验、人事磨练，都必须下决心精进不退。

分秒不空过就是精进。期待大家把握时间，在“做”之中锻炼自己的心，心静定，方能产生智能，这就是学做菩萨。

日本孝子感动天

日本有一个小家庭，女主人已往生，留下一子。男主人又续弦，也生下一子。因为颇有家产，后母为了自己的孩子，一直排斥前妻的儿子。

前妻之子非常乖巧、守本分，万般忍耐继母的虐待，在父亲的面前总是表现得很快乐、天真，父亲以为继娶的太太待儿子很好，颇为放心。但这后母不只不疼爱前妻之子，反而千方百计要害死他。

一天，后母要前妻之子送东西过河给自己的父亲。河水湍急，一个九岁的孩子单独过河非常危险，不过，这孩子很有智能，懂得保护自己，于是在岸边一直等待，等到有邻居要过河，才结伴同行。

同行的村人问孩子："继母是否疼你？"孩子回答："是的，感谢父亲娶了母亲来疼爱我，我们兄弟俩有吃的东西，一定是我先吃，有漂亮的衣服也是两人都有。"邻居听了，也以为他的朋友娶了一位贤慧的太太。谈着谈着就靠岸了，邻居把小孩带上岸，顺利地把东西送给外公。

外公是个好人，虽然不是自己女儿亲生之子，但是看他乖巧，于是同样疼爱他。不过他觉得很奇怪，路途遥远、河水湍急，女儿为何忍心让孩子单独渡河？小孩解释说："母亲很关心我，委托父亲的朋友一路小心地带我到这里。"外公不太相信，不过孩子亲口这样说，他也就相信了。

回程时，外公让佣人送他到对岸，小孩欢喜地回到家。继母见到小孩，态度很好地说："辛苦你了，肚子饿了吧！这包子给你吃。"刚好此时，七岁的弟弟跑来，看到哥哥手上拿着包子，于是另外拿了一个包子就要吃，母亲看了赶紧把包子抢走，说："这是哥哥要吃的东西，你怎么能吃？"

弟弟心想："以前好吃的必定是我先吃，哥哥不能吃，现在为何哥哥能吃，我却不能吃？"于是生气地把哥哥手上的包子抢过来扔出去。恰巧来了一只狗把包子吃了。

突然那只狗在地上哀叫打滚、一下子就死了。哥哥吓得往外跑，跑到远远的江边去。弟弟看到哥哥跑出去，也跟着跑出去了。

哥哥在江边哭得很伤心，想跳水自尽，弟弟也到江边，拉着哥哥说："假如你要跳水，我也一起跳。妈妈的心这么狠毒，我一定要跟哥哥一起走。"

哥哥纵身往水里跳，弟弟竟也跟着跳下去了！在岸边那位护送的佣人远远看见两个小孩哭抱着，一会儿两人都跳水了，赶快把小孩救上船来。一看！原来是主人的外孙，于是救醒他们，并且护送他们到外公家。

外公关心地探询原因，哥哥绝口不说，弟弟却详实地说出。外公听了很生气，派人去通知女儿："两个孩子跳水了。"

妇人一听，只想到自己的孩子，直问道："我的孩子救起来没有？"又骂前妻之子："哥哥怎能带弟弟去跳水？"非常不谅解那孩子。

外公很生气，拿了一把刀要杀女儿，九岁的孙子赶快拉住外公，跪在地上哀求说："弟弟还小，爸爸也需要人照顾，去跳水是我一时想不开，不要怪罪妈妈！"孙子一直哀求，外公受到诚心的感动，告诉女儿："两个孩子才差两岁，你那七岁的儿子看到这情形，只有站在旁边看，而多两岁的哥哥却为你跪地求情，一片纯孝，你怎么忍心怨恨他？你良知何在？"妇人听了非常惭愧，赶紧一手抱起两个孩子，并且向大儿子道歉，发誓从此要做一个很好的妈妈。

这是一个日本的民间故事。孩子真诚的孝心和智能终于转变继母狭窄的心，铁石心肠变慈心。"孝"不愧是百善之首啊！

常保初心，精进如一

福与德是由时间、体力的付出而得，有付出必定有回收，如果只是播下种子，却不肯耕耘，则收获必然不多。社会上有二种行善的方式，一种是高兴时拿一笔钱捐献，但是自己无法投入行善的工作，这是播下善种子，请别人代为行善。另一种是替别人做，而自己也喜舍布施，自己散播善种子，也为别人播下善种子，这是双倍的功德，就像承租田地又有自耕田一样有双份的收获。

福德与智能要齐头并进，不可停歇。所谓“精”就是专心无杂念，“进”就是前进不懈，所以，停歇等于退步。当自己停歇时，看看别人，精进的人生活得很充实欢喜，即要起自我鞭策之心，不可懈怠。

佛陀教我们，修行应诚信，若缺乏诚信，则不能取信于他人，这种人不是佛弟子。诚是坦白赤诚的心，从内心欢喜地选定人生的道路；选择正道，然后专心一志地投入，这也是诚的表现。精诚所至，金石为开，一个人只要有真正的诚意、下功夫去实行，还怕什么困难，连金石都受感化，还有什么不能达成？

佛法不远求

有一位志工说："很感谢师父给我机会当志工，师父经常交代我们做事要用心，要身历其境去探讨佛法的精神。我到复健室帮忙，复健师看到我就叫：'师兄，可否请你帮忙带小孩?'原来有一位妇人要做复健，孩子无人照顾，我就抱着孩子照顾他。但光抱着孩子太浪费时间，于是抱着孩子到另一间复健室，那里的患者有的手不能动，有的脚不能动，甚至有半身无法动弹。

"我就教孩子：'来，和阿公握握手，和阿婆握握手，请阿公念阿弥陀佛，帮叔叔阿姨加油!'那孩子长得很可爱，他和患者逗着玩、鼓励复健病人，患者因而深具信心，加强复健的活动，而且面露笑容。"

这是正精进，在工作中自然地体会佛法，在佛法中体会人生。

再者，有一位患者半身完全没有知觉，志工看到患者辛苦地复健非常痛苦，过去捏捏他的脚，问道："有没有感觉?"患者说："没有感觉。"志工心有所感地说："一大早在大殿拜佛、听师父开示时，两条腿麻得不知怎么办，当我看到那位病人连麻的机会都没有，才深深体会要爱惜身体的功能，分分秒秒善尽其能。"这也是智能的体会。

医院里的形形色色让人能够深刻地体会"四谛法"，在那里我们可以"观身不净"，看看病倒的人，那一个能够自己清理身体，体内流出来的都是不净物，身体又痛又无法动弹，这一切可以启发我们"观受是苦"。"观心无常"，当志工唱歌给患者听时，病人可以坐起来拍手唱歌，暂时忘记病苦，可是志工出去了，他又开始喊痛，一样的身体，却是不一样的心态。不只病人的心无常，健康人的心也是无常，喜怒哀乐没有一样会永远停在我们心中，七情六欲随时在变。

所以，修行的人要运用智能，观照世间一切物质，更透视物质，就不必去计较何物有价值，何者无价值。如此，无计较之心，则心境常能自在清净；心清智能即生；有正确的智能，则做事就不会有错误，所选择的路也不会偏差。“舍去烦恼”才能向前精进，修行要有舍心，在工作中体会佛陀所讲的真理，只要大家多用心，仿如天天游于《大藏经》里。

佛法不必远求，每天身边的生活动作无一不是佛法！